はじめに

地域の文化や暮らしの智恵を学ぶために、実際に地域にでかけ、地元の方々を先生として地域を教科書に五感のすべてを駆使して学ぶことをフィールド・ワーク（野外調査）と呼びます。

このブックレットは、日本国内でのフィールド・ワークをめざす人たちに、調査計画を立てて出発するまでにわきまえておいてほしいことをまとめたものです。

序章として、研究者の卵であった安渓遊地が晩年の宮本常一先生からいただいた励ましの言葉を置きます。この本が生まれた背景の説明にもなっているはずです。

防大島に生まれ、研究者としてこの人ほど多く日本の各地を歩いた人はないだろうといわれた希ルド・ワーカーであった宮本常一先生が、調査される側の様々な迷惑について、たくさんの例を指摘された文章を第一章に置きました。地域の人々の仲間として胸襟を開いて語り合えた宮本常ではの語りです。

宮本先生の「調査地被害」というものの見方に触発されて、日本の南の島々でのフィールド・ワ験を安渓遊地が語ります。第二章は、ある南の島では調査される側の様々な迷惑が今も続いてい々しく語られます。第三章は、沖縄の復帰とともに押しかけた人々に対する島びとの言葉集です。西表島を例にとって、学問と地域への愛のバランスについて、大学でのフィールドワーク論の講義を再現します。第五章は、話し手やその子孫の当事者主権行使の事例紹介です。第六章は、マスコミによる「やらせ」の被害経験の語りです。そして第七章は、日本民族学会（文化人類学会の前身）での会員アンケートの結果を安渓遊地が学会の研究倫理委員会の委員（第二次）のひとりとしてまとめたもので、「調査する側」「される側」という固定した対立関係を「ともに仲間となる」新しい地平へ向けて解き放つ道についての提案です。

このブックレット作成にあたっては、宮本先生のご長男の宮本千晴さんのご協力をたまわりました。みずのわ出版の柳原一徳さんには、企画・編集・著作権処理・印刷・校正・デザイン・製本の全過程で丁寧で迅速な力添えをいただきました。

二〇〇八年二月

安渓遊地

増補版発行にあたって

本書は、ハンディなフィールド・ワークの手引として二〇〇八年四月の初版第一刷刊行以来七刷を重ねるに至りました。文化人類学や民俗学の副読本としてだけでなく、理系の方にも、地域づくりや援助、医療・看護・福祉のケアの現場の方にも読んでいただいていることをありがたく感じています。今は誰もがする自動車の運転にフィールド・ワークを例えるなら、この本の初版は運転免許の更新の時に見せられるビデオのように、悲惨な事故を避け、事故を起こしても絶対にひき逃げはしない心構えをもつ運転者を育てることに徹した内容でした。

いつかは宮本常一先生のピキピキ（オートバイ）でのツーリングで始まるわくわくするアフリカ編も読んでいただきたいと願っておりましたが、新たに三つの章を付け加えた増補版を出せることになりました。第八章は、宮本先生が初めての外国旅行をプレゼントされて訪れた東アフリカ訪問記からの抜粋です。第九章と一〇章は、その三年後の一九七八年にケニアとコンゴ民主共和国を訪れて〝日系アフリカ人〟となった私と妻の貴子のアフリカ経験です。

今回も、みずのわ出版の柳原一徳さん、宮本千晴さんのお世話になりました。宮本先生の東アフリカでの写真は、伊藤幸司さん撮影です。ありがとうございます。

二〇二四年三月

安渓遊地

目次

地域を教科書に学ぶ——移動大学の八つの目標（新潟、1973年）

「あらゆるものをたべておいてください」

今西錦司門下の川喜田二郎先生の移動大学運動に出会って（佐田尾、二〇〇四）、私は、体で実地に学ぶフィールド・ワークという勉強の方法の魅力のとりこになった。そして、アフリカに憧れて京都大学の大学院に進んだ。今西さんのあとをついでアフリカでの人類学調査を指揮しておられた伊谷純一郎先生は、しかし、私にまず日本列島最南端の八重山・西表島行きを指示されたのだった。一番近い人家まで道なき道をたどって八時間は歩くという廃村調査が与えられた課題だった。

一九七四年六月、はじめて訪れた西表島で、廃村行きの準備をしたり、聞き取りをしたりしながら、私は、若者たちの集まる家に居候させてもらうことになった。泡盛を酌み交わしながらいろいろな話がでる。ある若者は、私と同い年だったが、何年もカツオ船に乗って世界を回ってから島に戻ってきたのだという。そして、明治三六年まで宮古・八重山の人々に移住を禁じて厳しい人頭税を課した被差別の歴史などを語ったあと、大声で「おまえは、どこの出身か？　まさか薩摩じゃあるまいな！」と詰問した。私の母方は、鹿児島県大島郡加計呂麻島《かけろまじま》の出であったが、「奄美ならまあよかろう」と許されたのであった。しだいにうちとけて話すうちに、島を「研究」に訪れる「バカセ」たちの行状について若者たちは語ってくれた。その内容は移動大学で読んだ、宮本常一先生の言葉を思い出させるものだった。「調査というものは地元のためにはならないで、かえって中央の力を少しずつ強めていく作用をしている場合が多く、しかも地元民の人のよさを利用して略奪するものが意外なほど多い。」（本書第一章）

実際に宮本先生にお会いする機会を得たのは、その年の八月、大山の香取で開かれた第一二回移動大学でのことだった。一〇八人もの参加者が寝泊まりするテント村と道を隔てた広々した空き地の端の、見晴らしがきく場所に私は自分の小さなテントを張ることにした。テントを固定するペグを打ち終えて、ふと気がつくと、ごましお頭のがっしりした男の人がかたわらに立っている。手にはスコップがある。そして、やおらテントの周りに溝を掘り始めた。あっけにとられている私を尻目に幅三〇センチもある溝がどんどん掘られていく。スコップをふるいながら、こんな言葉が出た。「テントを張る時に一番大事なのは、水はけだよ。縄文人も君みたいに、こんな舌状台地の端を選んで住んだ。そして、斜面の下にゴミをどんどん投げ捨てた。だから、住居址とは離れた所に遺物が集積して出てくる。」スコップにもたれながら、この人は私がテントの中にリュックを入れ、テープレコーダやカメラを取り出すのを覗きこんで、こうつぶやいた。「もっと丁寧に入れんと、テントが歪むがな……。ああ、こんなに軽くてちいさい装備を見ていたら、また歩いてみとうなってきたなあ。」

これらの言葉を聞いて、やっと私は、大山移動大学の案内パンフの中に「講師・宮本常一」と書かれていたことを思い出した。それでは、この人があの宮本先生だったのか。その名前は、私の中では先に引用した「調査地被害——される側のさまざまな迷惑」(本書第一章)という、その後の私のフィールド・ワークを決定した文章の著者として記憶されていた。それから四半世紀を経て、妻とともにまとめた本の冒頭に「される側の声——聞き書き・調査地被害」を置いたのも、宮本先生の影響ぬきには考えられない(安渓・安渓、二〇〇〇、本書第二章)。

移動大学のキャンパスはちょうど川喜田先生考案の発想法の個人作業のまっただなかだった。宮本先生がお得意の座談をくりひろげられる場が少ない時期にあたっていたのだろう。おかげで私は、宮本常一先生にテントの溝を掘っていただくという思いがけない光栄に浴したのだった。

夕日をあびた山麓をながめながら、修士研究として取り組み始めたばかりの西表島での廃村調査について宮本先生に問いかけてみた。「文部省の資料館に明治中期の『八重山嶋巡検統計誌』という一連の書類があるんですが、第三十五冊などというのがあるのに、今では四冊しかのこっていません。私が調べている西表島の廃村・鹿川のものなどが見られるといいと思うんですが、どこかに残っていないものでしょうか。」即座にこんな答えが返ってきた。

「あれは、田代安定が当時の山縣有朋内閣に提出した報告書でしょう。そのうちの何冊かだけが『琉球共産村落之研究』を書いた田村浩さんから渋沢敬三先生の手に入って、先生の祭魚洞文庫に収められたのです。田村浩という人は、渋沢先生の友達で、沖縄へ赴任することになって『琉球へ島流しだ』としょげていたら、渋沢先生は『いや、他ではできない研究をするまたとない機会だ』とはげまされた。田代安定の報告の残りについては、あまり望みはもてないけれど、時間をかけて捜してみたらどうだろうか。」

問わず語りに宮本先生は、沖縄のかかえる課題についても聞かせてくださった。島を研究の対象にさせてもらう者は、その研究のテーマがなんであれ、島とその島びとたちの運命に無関心でいてはならないし、いられるはずはない、という先生のお考えがあってこういう話をしてくださったのかもしれない。「地域がよくなっていくためには、地元から良いアイディアが出なくてはいけない。沖縄なら例えばインドジャボクという木を薬用に栽培するとか、さまざまな可能性が埋もれているはずだ。自治省は、こういうプロジェクトに金を出すよ。経済企画庁だったら、金はあまり出ないが、逆に地元の言い分は半分以上通るだろう。」

廃村調査のあと、東南アジアに連なる西表島の古代的稲作と海上の道の研究をした私は、思わぬ商売に手を染めることになった。「本土なみ稲作」を目指して、西表島で農薬散布が始まったのを見かねて、私は、地元の人と諮って一九八八年から特別栽培米の制度を活用した産直の無農薬米「ヤマネコ印西表安心米」の企画・宣伝を担当したのである。ボランティアとはいえ、慣れない商売の道は、学問の道よりはるかに険しく、闇米扱いしてくる役所や持ち逃げ常習の詐欺師との駆け引きなど、ひとつ間違えば一千万円単位の赤字を出しかねない真剣勝負の連続であった。

そのころ私が聞いた「される側の声」の中では、宮本先生の「地域がよくなるのは地元からのアイデアで」に連なる思想が、次のように表現されている。「あなたも、最近、どこかの島で『無農薬米の産直で地域おこし』とか言って旗ふってるらしいけど、島の人間が独力でできるように育てていかなくちゃだめでしょ。今みたいな、船をひっぱって岩ゴロゴロの山道を通すようなやり方が長続きすると思うのは、あなたの思い上がりじゃないかしら。無理に無理を重ねて家族を泣かすような学問が何になるの。よぉく考えてね。よそから持ってきた智恵や文化で、地域が本当に生き延びられるわけがないのだということを。」（本書第二章）

今、私の手元には宮本常一先生からの二通の葉書が残っている。どちらも、武蔵野美術大学に先生が作られた資料室の展示を絵はがきにしたものだ。ひとつは、一九七六年九月一日の消印があり、図柄は糸車だ。

暑中見まい多謝。私もこの夏沖縄へかけ足でいって来ました。ほんの二、三日の旅でしたが、宮古、伊良部、石垣、竹富、西表を訪れました。モクマオウとギンネムの木のはびこっているのにおどろきました。内地のセイタカアワダチソウよりひどい。ギンネムをなんとかしないとどうしようもなくなるのではないかと思いました。朝のうち石垣島を一周して、その午后の飛行機で石垣を経て、ナハから東京へかえり飛行機を利用すると沖縄が本土へあまりにも近くなっているのに驚きました。

そして、先生が亡くなられる半年ほど前にはこんな葉書をいただいている。一九八〇年八月二五日の消印で、しょいこの下にあてる「ばんどり」コレクションの絵葉書だ。

まえに西表のすぐれたレポート[1]を送っていただいて拝読して、すごく感激して手紙を出そうと思ったら、アフリカへいっていることに気がついてそのうちかえって来るのだからと思っていたらもうちゃんとかえっていることを暑中見まいで知り、さて私の方は例のごとくうろうろしていて何もかも事がはかどらずこの夏もおわりが近付いています。何も彼も後から後から気のつくことばかり、貴兄の場合は今のうちにウンと貪欲にあらゆるものをたべておいてください。

宮本先生が御存命であったら、現在私たち日本人が向きあっている環境問題等の状況をどう見極めただろうか。全国各地の離島地域で進められている公共事業等の大型施設整備にともなって周辺海域が受ける生物の多様性やその生態系への影響はどうであろうか。宮本先生のふるさとの周防大島の近隣にも大規模なプロジェクト[2]がひかえている。足下の身近な自然環境についてはどうか。山も畑も田んぼも人の手が入っていない荒れ地が目立ってきた。経営が成り立たず島の生業が失われゆくこの状況に対してどのような意見を述べられたであろうか。

最近よくそんなことを考える。例えば、宮本先生のふるさとの近くの周防灘の長島の海は、日本の浅い海としては最高の自然の豊かさをもつ場所であることが明らかになっている（安渓編、二〇〇一）。

地元主導の自然との共存こそが自然保護であると考える私は、現地生物調査や自然保護を考えてもらうためのシンポジウムの企画などに協力している。長島で開いたそんな会のいくつかに、宮本常一先生の奥様のアサ子さんがご近所の方々と参加してくださったのも、望外の喜びであった。

最近は、妻とともに屋久島にも行かせてもらっている。全国から集まる大学生と地元の高校生を対象に、今西さんの流れを汲む屋久島研究者たちと地元の自治体が協力して夏に実施する一週間あまりの「屋久島フィールドワーク講座」の講師として招かれるのだ。私たちが担当する「人と自然班」のもっとも重要なテーマは、宮本先生が指摘された「される側の迷惑」をめぐる「イバルナ学者」であり、もうひとつはバイオリージョナリズム（流域の思想）と現代に生きるアニミズムを中心とした「イバルナ人間」である。さらに二〇〇一年には、トヨタ財団等の助成金を得て、アフリカと屋久島の交流も実現した。宮本先生も旅されたケニアと内戦のさ中のコンゴ民主共和国で地元の森を守ろうと文字通り懸命に努力している四人の仲間たちを「フィールドワーク講座」の時期に合わせて招き、地元のエコツアーガイドや森林保護活動家たちとの交流もできた。ともに学ぶ内容に、島という地域から地球の未来を構想する「イバルナ日本人」が加わったのである。

アフリカやフランスでの暮らしを経て、わが家は山口市の山村に移り住んだ。西表島にならった無農薬米が作れるようになって十余年。自分の興味の広がりや、やるべきことが自分の能力を越えるのではないかと感じて途方にくれることもしばしばであるが、そんな時、私は、宮本常一先生の言葉を思い起こしてみる。「ウンと貪欲にあらゆるものをたべて」「（地元の人達に）仲間だと思われればいいんじゃよ。」そのたびに、宮本先生の語り口とあのくしゃくしゃの笑顔がよみがえり、新しい力が湧いてくるのを感じるのである。

［註］

（１）「西表島の稲作：自然・ヒト・イネ」（安渓、一九七八）のこと。晩年の宮本先生は、生物や自然と人間生活の係わりに強い関心をもっておられたので、人と自然をまんべんなく見てやろうという私の西表研究の意欲をかってくださったのかもしれない。

（2）宮本先生のふるさとの瀬戸内海周防大島周辺では、住民の大きな論争を引き起こしつつ、二つの巨大プロジェクトが進められた。ひとつは、日本の浅海として最高の生物多様性をもつ上関町長島の上関原子力発電所建設計画。もうひとつは、岩国基地の沖合移設と称する米軍基地機能の拡張である。岩国では原子力空母が接岸できる岸壁が整備され、いま山口県とその近隣の住民および運命共同体としてのすべての生物たちは、南海トラフ地震が迫る中で、瀬戸内海にいくつもの原子力発電所が並び、さらに使用済みの核燃料の〝中間貯蔵施設〟が建設されるという状況への重大な岐路に立っている（詳しくは、安渓、二〇〇六 a および、https://ankei.jp で「上関」「岩国」「バイオリージョナリズム」などをキーワードに掲載記事を検索）。

宮本常一（左端）の指導による民具収集（提供＝山口県旧久賀町、1972年）

1　フィールド・ワーカーの心がけ

私は、渋沢敬三というすぐれた知性人の指導をうけてフィールド・ワーカーになったため、この先覚者の言動をできるだけ忠実に守って今日にいたっている。かつて渋沢先生が、私をいましめていわれたことばが三つあった。その一つは他人に迷惑をかけないこと。第二は出しゃばらないこと、すなわちその場で、自分を必要としなくなったときは、そこにいることを周囲の人に意識させないほどにしているということである。そして第三に他人の喜びを心から喜びあえること、というのがそれであった。

何でもないことのようであるが、これを実行することは実にむずかしいことである。自分で迷惑をかけてはいないと思っていても、相手に迷惑をかけていることは多い。その上つい出しゃばりになる。まして人をほめているのをきくと、ケチをつけたがるものである。

「自分でいい気になっていると、思わぬことで相手に迷惑をかけていることがある」と渋沢先生はしばしばそういっておられた。

九学会連合[1]が結成されて、昭和二五、二六年に対馬の総合調査がおこなわれたとき、先生は両年度とも渡島して時間のゆるす限り島を見て歩かれた。島民の協力の大きさ、同時に目に見えぬ負担の大きさも考えて、「何か島へお返ししなければならないが何がよいだろう」と私に相談された。

当時対馬では、電灯のともる地域とランプの地域が半々くらいであった。そのランプ地帯を「電灯にきりかえることはできないものでしょうか」と私見をのべると、「これは融資でできる。日本銀行の長崎支店と地元の銀行が協力すればできるのだから、そのように話をしておこう」と対馬からの帰路、長崎へ立ち寄ってその話をすすめて下さった。渋沢先生はそういう人であった。九学会連合の能登調査、奄美大島調査、佐渡調査にもこまやかな配慮をされ、しかもそれが目だたぬようにつとめておられた。

「調査というのは地元から何かを奪って来るのだから、必ずなんらかのお返しをする気持はほしいものだ」ともいっておられ、それをまた忠実に実行していた。

私の旅も先生のそのような言動に大きく影響をうけ、できるだけお世話になりっぱなしにならないように心がけて来た。しかしいまふりかえって見ると、やはり迷惑をかけた方が多かったのではないかと思っている。

私の旅は国内に限られているので、見聞もまた国内に限られることになる。しかも私の調査は民俗だけでなく、農業経営、林業経営、漁業経営など、農山漁村の経済実態調査にもかなりの時間をさいた。そしてそれは単に調査をするだけでなく、今後をどうしたらよいか、というような問題にまで干渉しなければならないことが多かった。そういう調査をしていると、一軒の家の中のいろいろな具体的な問題の相談をうけることとすらあった。

また多くの村を歩いているうちには、以前そこに誰かが来て調査をした、というような土地を訪れることも少なくなかった。

2　人文科学が訊問科学に

戦後、村々を歩いて調査にあたる際、所得などについてこまかな数字を聞くことは極度にきらわれた。そういうことを聞きたがったのは、税務署の役人であった。そして何かを聞き出すと、とたんに税金がはねあがったから、金銭に関することには答えてくれないのが普通で、昭和三二〜三三年頃までは、税務署の役人ほどきらわれたものはなかった。だから役人でないわれわれが話を聞こうとしても、なかなか本当のことをいってくれないのがあたりまえであった。

税の過重な負担が人間を疑い深くし、またどれほどウソつきにしたかわからない。いちいちその例をあげるのは、わずらわしいから避けるけれども、日本では役人というものは多くの場合、民衆の味方ではなく敵であった。

私は終戦直後から、昭和二七年頃までさまざまな地域を実によく歩いた。リュックサックを背負っての旅で、リュックサックの中には、着がえと紙くずのようなものと書物が二、三冊、時にはコメの一升もはいっていることがあった。当時はノートなどもなかなか買えなかったので、調査ノートは原稿紙の裏や謄写版印刷用紙の裏などを利用していた。コメは旅先の知人からもらったものであった。ところがどの列車にもヤミ屋が乗っていて、それを取り調べるためか、しばしば乗車客の一斉検査があった。当時東北地方には、物資が比較的多かったためか、この方面へ買出しが集中した。そしてその買出し人たちの検査は、奥羽線の米沢駅、羽越線の村上駅などで行なわれることが多かった。

夜中に米沢駅のプラットホームに立たされ、リュックサックの口をひらいて中を見てもらったことが何度もあった。あるとき村上駅で検査が行なわれたときのこと、昼間だったが、私の持物を見て「これだけか」と叱りつけるように巡査がいう。「これだけです」と答えると、「どこかにかくしているのだろう」「いいえそんなことはありません」「おまえはヤミはせんのか」「しません」「何だ、ヤミもようせんのか」といっておこられた。すればしたで叱り、その上持っているものを取りあげられるのだが、ヤミをしなくてもほめられることはなかった。

山陰線の鳥取近くの駅で検査のあったとき、「おまえヤミもようせんとはバカだな」といわれたことがある。この巡査には、すべての乗客がヤミ屋に見えたのであろう。しかもヤミをしない私は、ほめられるどころか叱られてしまった。そこにそういう検査する立場にある者の態度をうかがうことができる。学術調査に出かけてゆく者にも、これに似た感覚がある。調査する者の方が、される者よりはえらいという感覚がどこかにある。官僚意識というのは、官僚だけが持っているのではなく、すべての人の中にひそんでいるようである。

昭和二五年、対馬で行なわれた九学会連合の総合調査は、いろいろな分野の学会の学者たちが参加したものとして、私にはきわめて興深いものがあった。そのころまで日本では、そのような調査の行なわれたことはなかった。九学会というのは民族、民俗、考古、人類、社会、地理、宗教、心理、言語学会から成り、そのうち心理学会は昭和二五年にはまだ参加しておらず、昭和四六年現在では、考古が脱退して東洋音楽が参加している。これらの学会は、それぞれ独自の目的と調査方法を持っているので、一つの学会に属するものが他の学会の行なう調査を見るのは、いろいろのことで教えられる。ことに野育ちの私など、他学会の人たちの調査法には教えられることが多かった。なかには調査なれのしていない人もあって、効果を十分にあげ得なかった人もあるようだが、私が最も心をうたれたのは、体質人類学関係の人びとが行なった調査であった。

これは一人一人の頭長、頭幅、身長、坐高、血液型、掌指紋などを調べるので、被調査者がそのことを理解してくれなければ、効果をあげることができない。そこで村人と親しくなるために、調査者は健康診断や病気治療までする。

するとその方に時間をとられて、徹夜することも多かったようだが、みなそのことに耐えてよい効果をあげたようであった。

ところがなかには、古老が問いつめられて、答えようのなくなっているのに、「こうだろう、ああだろう」としつこく聞いているフォクロリストもあったようで、「あれでは人文科学ではなくて訊問科学だ」といっていた人もあった。

私はそういう人が調査を行なった直後を歩いたことがあったが、私が話を聞きにゆくと「私のようなばか者はとても話ができんから」といってことわられたこともたびたびあった。調査されるということが、よほど身にこたえたらしい。しかし話しているうちに私の立場をわかってくれて、いろいろ教えてくれた人もあったが、なかにはとりつくしまのない場合もあった。

調査者は、それぞれテーマを持って調査するのは当然であるが、しかし相手を自分の方に向かせようとすることにのみ懸命にならないで、相手の立場に立って物を見、そして考えるべきではないかと思う。

対馬調査から数年後のことであるが、私は国東半島を歩いていた。そのあたりの古い信仰習俗についての調査が目的だった。それ以前にもこの地方に、立派な民俗学者が来て調査したことがあるということだった。その学者に土地の人が「こういうことはないか」と聞かれて「ない」と答えると大変不機嫌で「ないということはないはずだ。あったのが消えたのかもわからないし、あなた自身が体験していないだけのことかもわからぬ」と叱るような調子でいわれたという。調査というのが、あたかも百姓が侍に叱られているような有様であった。このことはよほど身にこたえたようで、私が訪れると「もう調査されるのはこりごりだ」と話していた。

こういう話ならいたる所で聞く。伊豆の海岸は若者組が発達していて、若者宿も多い。民俗学の宝庫のような所である。そこに住む人びとも明るくて素朴で、何でも話をしてくれる。ところがある年、そこにある大学の調査団がやって来た。そして訊問型の調査が行なわれたらしい。

根ほり葉ほり聞くのはよい。だが何のために調べるのか、なぜそこが調べられるのか、調べた結果がどうなるのかは一切わからない。大勢でどやどやとやって来て、村の道をわがもの顔に歩き、無遠慮にものをたずねる。「そんなことを調べて何にするのだ」と聞いても「学問のためだ」というような答えだけがかえって来る。村人たちはその言葉を聞くと、そうかと思って協力したというが、「厄病神がはやく帰ってくれればよい」と思ったそうである。

ところが調査に来たのは、この仲間だけではない。それから一、二年してまた別の大学が、同じようなことを調べに来た。なぜ同じようなことを何べんも調べに来るのだろう、という疑問から、自分たちのしていることがひどく古くさく悪いことではないかと思われるようになった。幸いその調査団はそれほど詰問型ではなかったので、談笑のうちに調査はすすめられたそうだが、村人たちの心の底には不安が残った。

それだけならまだよい、今度は文部省から調べに来たという。これも若者組や若者宿があるからで、若者宿をやめたら調査にも来なくなるだろうということになって、若者宿をやめた村があるということを、その地方を歩いてきた人から聞いたが、真偽のほどはわからない。しかし私には、それが事実のことのように思えた。

同じようなことを、何回も聞かれるとウンザリするものであろう。そしてしまいには、そのことで答えが用意されるようになる。それについて思い出されるのは、山形県の飛島《とびしま》でのことである。飛島は酒田市に属していて、そこから船が出る。この島の付近の海では以前には、ずいぶんたくさん魚や海草がとれた。島の人たちは、それを春さき酒田付近の農家へやって来て売り歩き、秋になると、その代価としてコメをもらい集めて島へ帰っていく。島の人たちは貧しくはあるが、生活には困らなかったので、農家であまっている子をもらって来ては、育てて漁業の手伝いなどをさせた。

この子供たちのことを、新聞記者が南京小僧といった。そういう子供たちに、南京米を入れてあった袋を利用して、仕事着に仕立てて着せていたからであるという。そういう言葉にひかれ、そういう習俗に興味を持ったジャーナリズム関係の人たちが、島へよくやって来る。島民はいちいちそういう人の相手をしていられないので、比較的話の上手な一人にたのんで、その人に応対してもらうようにしていた。

私もまた飛島に渡ったことがあり、その南京小僧のことについて聞いた。私の場合には、個条書のような形で話を聞くことはほとんどない。できるだけ相手に自由に話してもらう。話してもらうというよりも話し合う。だから単なる聞き手ではない。初めのうちは、私が個条書のような調子で聞くものと思っていたらしい。「こういうことは聞かんのですか」と私が質問しないと、相手から質問の仕方を教えてくれる有様であり、それについての答えはすでに用意されていた。

そこからもうかがえるように、旅行者はまるで判でおしたような質問をし、答える方もチャンと答案が決ってしまっていたようである。私が調査に来た者だというので、他の探訪者と同じようにものを聞くだろうと考えて、紋切型で答えようとしたが、私にはそれよりほかのことが、いろいろ聞きたかった。それには私がどんなことに興味を持っているか、それを調べるとこういうことも理解できるというような体験談もしなければならない。すると相手もそういうことなら、ここにはこんなことがあるというようにからんでくる。

話ははてしなく続いてつきるところがない。昼間は村を歩き、夜は囲炉裏ばたで話を聞いて大変楽しかったのだが、最後にその老人から「あなたはとうとう調査をしなかったが、それでよいのか」といわれた。実は私の知りたいようなことはほとんど聞いていた。「次は何、次は何」というように秩序だてて聞いているわけではない。しかし、相手の話をしているなかに、私の知りたいことが含まれていればよいので、質問して答えてもらうことが必ずしも調査ではない。

ところが、このような話は飛島だけではなく、どこへいっても同じような話に出合うことが実に多い。多くの調査者、ジャーナリストたちの訪れる村には、おのずから旅人の質問に対する答えが用意されるようになる。そしてそのなかには、創作されたものもある。何回か訪れたことのある瀬戸内海の島で、島の人から逆に島の昔はどうであったのだろうかと聞かれたことがある。「書いたものがないので昔の歴史がわからない」となげいていた。

私は現在わかっていることだけでよいのではないかと話をしたのだが、あるとき旅行雑誌を見ていたら、その島の人たちが平家の落人の子孫と書いてあって、落人にからむ伝説もしるされている。いささかひどすぎるので、その文の筆者に会ったとき聞いて見ると、事実その島で聞いて来たのだという。しかも話してくれたのが、私に島の歴史がわからぬといっていた人なのである。

どうしてそういうことが起ったのか。これもその後事情を知ることができたが、近ごろ島を訪れる人が多い。その人たちは物知りを訪ねて話を聞く。そして、きまったように島の歴史について質問する。知らぬというと失望する。そして何だつまらないというような顔をする。そこで伝説をつくったのだが、これが案外あたって、平家の落人の島だというので訪ねて来るようにもなったのだという。

3　偏見理論がもたらすもの

近頃テレビで郷土芸能の放送が盛んだが、それにはもっともらしい由緒が必ず説明されている。しかしその由緒も大半はいい加減なものである。由緒をつけないと取材者の方が承知しないそうである。

この程度のことならまだいい。別に被害というようなものにはならないからである。しかし調査者の主観や偏見が、時には被調査者の生活に被害をもたらす場合も起ってくる。長崎県五島の六島《むしま》へ渡ったとき、この島の古老がせっかくわれわれのところへやって来てくれながら、どうしても話をしてくれない。周囲の人がいろいろと口説いてくれたが、とうとうダメであった。この島は小さな貧しい島だが、一種の共和制の島である。区長、会計などすべて選挙で決めて、しかもそれには家柄などはいっさい関係ない。親島の小値賀《おぢか》島《じま》との間の交通のために、若者が四、五人残るほかはほとんど出稼ぎに出る。島は女と年寄りと子供だけになるが、村夫役のときなど出て行かない者は金を出さねばならないようになっていて、島の人たちに不平等の起らぬようにあらゆる注意が払われている。

小さい島で生きてゆくには、このようにしなければならないのだとつくづく考えさせられたのだが、この島へ渡って来た放送記者には、それが、時代からとり残された貧しい封建制の強い島として映ったらしい。それは私に話すことを拒絶した老人から聞いたものであった。

「私はそういう意味で話をしたのではありません。しかし私がいったようには放送してくれないで、いちいちそれに文句をつけて放送しました。それが村の人にかけた迷惑は大きなものでした。人を疑うことを知らぬ島の人をみんな疑い深くしてしまいました」とその老人は語って深く頭をさげた。それを聞いていて、私自身も人を傷つけているのではないかと思った。

同じようなことはいくつもある。福島県の会津若松の南方山中に、大内という宿場がある。今から四年ほど前に、私の若い友人相沢韶男《つぐお》君がここを通りあわせて、古い宿場が昔のままのおもかげを残しているのに驚いて紹介した。昔は会津の殿様が、江戸へ出てゆくときここを通ったのだが、明治になっては全く忘れられてしまっていた。そういうところなら、だんだんさびれて廃村になってゆくはずだが、村人は勤勉で、宿場の仕事で食えなくなるとたくさんの田をひらき、山にはスギ、カラマツなどを植林し、農業で生活のたつ村をつくりあげて来た。近頃は出稼ぎに出るものもいるが、こういう山の中にあっても自立できるまでの村にしたのは偉大なことであろう。相沢君は、この村の変貌する前にこの村のことを詳しく記録し、またできればこの形のままで保存維持したいと考えて、村人たちに働きかけた。

そんなとき、テレビ局がここに目をつけて撮影に来た。普段はひっそりしている村の道を、青年たちにオートバイで走らせ、それを撮影した。村の長老は「現代の映像」ではなく虚像だといってそれを見ていた。村人は村の将来についても語りあったのだが、さて放映したのを見て村人はガックリした。とくに宿場として保存することに、いろいろな疑問を持っている一家に焦点があてられていて、「こういう古い村の残っているのは貧しいためだ」とナレーションでいった。

貧しいから残ったのかどうかは、全国の実例を見ればすぐわかることで、むしろ維新以来の変動を村全体が乗りきることができたから残ったのであった。このドキュメンタリー・フィルムの主人公になった家では、自分の家が恥さらしの代表のように見え、すぐ家を壊して建てかえるといい出した。そればかりでなく、古い家を維持して来たことが罪悪のようにさえ思えて来たのである。

一つ一つの村は、村落共同体として強く結合されているように見える。しかし今日ではそういうような村は少ない。だから大内でも、わずかばかりの刺激でも村の中にヒビが入ってしまうのかもしれないが、自信を失って、自らの手で村を崩壊させていくほど悲惨なことはない。調査などといわれるものの多くにはこれに似た現象が見られる。村の人がせっかく一生懸命に協力したのに、それは村が時代遅れだという宣伝にしかならなかったというような例は少なくない。

その場合にも、村にしっかりしている者がいれば何とか方法のあることもある。昭和三〇年すぎの頃だったが、私は秋田県米代川流域の山村、上小阿仁村へ調査にいったことがある。その村の平地は美田がひらけているのだが、川のほとりの一カ所がかなり広く荒地になっていた。聞いてみると没落農家のものであった。この村にはかなり大きな地主がいた。農地解放の行なわれていた頃、農地調査団というのがやって来て、農地の調査をしていったが、同時にその人たちは農地の完全解放を叫んで、村民の封建的気風を強く非難した。これを聞いた百姓の一人が地主に完全解放を要求した。完全解放というのは水田だけでなく、屋敷や山林もつけ、用水権から、農道使用などあらゆる権利を確保することである。地主の方はそれに応じて、一人の百姓の要求をすべてみとめた。そのかわり、これからどのような不時の事態が起っても、自分で管理するようにといった。

その後、この地に大水害があった。くずれた川岸に石垣をきずき、水路をなおすというようなことは、今日では災害復旧費の補助も受けられるが、当時はそれも十分ではなかった。そしてその百姓一人の力ではどうしようもない。搾取の鬼だとののしった地主の所へ、頭を下げて助けをもとめにいったが、地主の方は完全独立をさせたのだから、と突きはなした。結局どうしようもなくて、村を捨てねばならなくなった。共同体が生き残るということは、それが必要な社会条件があるのである。そしてそのような不時に備えて、地主が存在することもあれば、共有林が社会保障の役割をはたすこともある。

これに似たような話は方々で聞いた。理論的には、調査団のいうことは正しいのであろうが、それを実現するための手続きは決して簡単ではない。しかしその手続きについては、決して調査団は示さない。よそから来て、わずかばかりの滞在で、村人同士のこまやかなかかわりあいの実情など知ることはできるはずがない。調査と調査に基づく計画というのは、このような微妙な問題をすべて切り捨てて行なわれるものである。

なぜそういうことになるのか。調査というものは、調査しようとするものの意図がある。その意図にそって自分の知ろうとすることだけを明らかにしてゆけばよい、と考えている人が多い。昭和二二、三年頃であったが、東京大学の経済学部の教授が、地主と小作についての調査を指示しているのを聞いて寒気をおぼえたことがある。村落内のあらゆる現象を、搾取と被搾取の形にして設問しようとしている。階級分化だけを見てゆこうとするのなら、それだけでいいかもわからない。しかし村里生活はそれだけではない。地主というようなものも、社会保障的な意味を持っている。農民同士の相互扶助もある。それがどのような比重でからみあっているかも、見てゆかなければならないのではないかと思うし、また予定した以外のことから、重要な問題を引き出してくることもある。その意外性がもっと尊重されなければ本当のことはわからない。理論がさきにあって、事実はそれの裏付けにのみ利用されるのが本来の理論ではなく、理論は一つ一つの事象の中に内在しているはずである。

しかし調査に名をかりつつ、実は自分の持つ理論の裏付けをするために資料をさがしている人が多いのである。このような調査の結果が利用されるなら、調査者たちの目のとどかぬ部分は、すべて切捨てにされてしまう。そういうものを認めようとはしないのだから……。

4 「調査をしてやる」という意識

いったい旅をしたり調査をするということは、どういうことなのだろうか。もともと土地を知り、また自分の考えをたしかめてゆくための手段であることはいうまでもないのだが、それではいったい誰のために行なうものであるかということになる。

調査にはそれぞれ目的があり、それを必要とするから行なっているのであるが、それにはまたいろいろな要素とケースがある。

私が初めて旅へ出るようになった頃には、社会調査めいたものはあまり行なわれてはいなかった。たとえば私のような旅をしている先輩としては、わずかに早川孝太郎、桜田勝徳の両氏があり、女性では瀬川清子氏が歩きはじめていた。それぞれ一人で出かけていって、自分の聞きたいこと、目にふれたことを記録してくる程度で、方法論というようなものは別になかった。ほとんどの調査は古老に会って昔の話を聞き、それを書きとめておく程度であった。

そのほかに地質調査、自然調査のようなものでも、一人二人で出かけていって踏査するというようなことが多く、それには地元の者が案内することが多かった。いつ誰が来て調査したかさえ、世間の人はほとんど知らなかったが、案内する方の人はたいていきまっていて、すぐれた学者について歩くのだからいつの間にか自分の知識もみがかれて、自分の周囲の者よりは、はるかに豊富な知識とすぐれた目を持つようになっていった。

奈良県吉野山の主といわれた、岸田日出男氏などその一人であった。この山へは、牧野富太郎、白井光太郎、本田正次、田村剛、本多静六など実に多くの学者たちが訪れた。その学者の案内は、ほとんど岸田さんがした。岸田さんは奈良県の林務課の技師であったが、ほとんど吉野山中ですごした人であり、これらの学者の知識を身につけて、吉野山のことについては何でも知っていた。しかし岸田さんは、そういう学者の相手をしていたばかりでなく、若いかけ出しの人の案内もいとわなかった。また私が吉野山中を歩いたとき、岸田さんの知人だというとどんなところでも安心して泊めてくれた。岸田さんは、多くの学者によって育てられた人だが、同時にまた地元の多くの人をも育てあげていった。

岸田さんのような人は方々の地域にいた。福井県の若狭地方に、今井長太郎という実に立派な植物学者がいた。身分的にはただの百姓であったが、私はこの人から話を聞いたとき、この人のあとを何日間かついて歩きたいと思った。植物学者というよりも彼は植物生態学者であったが、若い頃から本多静六博士の案内をして若狭、近江の山々を踏破し、また同様に三好学博士や本田正次博士の案内をして、知識を得たとのことであった。

地方ですぐれた人を見ると、たいていはその地方を訪れた学者たちに接することによって、多くのものを学んでいるのである。福島県草野の故高木誠一氏なども、多くの学者を迎えてその付近の村々を歩いている。少なくとも戦前までの調査は、調査を行なうことによって、その地方へ何らかの知識を落としていっているのが特色であった。

そのなかでも、最も大きな貢献をしたのは、考古学の発掘であろう。これは労働力を必要とするもので、どうしても地元の百姓たちの力を借りねばならない。発掘を手伝っているうちに、だんだん自分もそれにひきずりこまれてゆくようになる。考古学という学問が今日のように盛んになってきたのは、考古学的発掘に一般民衆の参加があったということである。とにかく学者たちの野外調査によって、いつの間にか多くの在地の学究の徒が育ってきたことは事実である。そしてこのような状況は、終戦頃まで続くのであるが、戦後このような個人的な、あるいは小規模な調査は次第に少なくなって、調査の規模が大きくなってくる。ひとつには、九学会連合あたりの総合調査がその契機になっているかとも思うが、それ以外にいろいろの目的を持ち、またスポンサーのついた調査が多くなる。そのなかには、官庁から調査資金の出ているものもあれば、会社などから出ているものもある。

目的が多岐にわたり、その調査に経済的な利害までつきまとうことになると、地元との深い結びつきによってなされる調査は、ずっと少なくなってくる。そしてそのような調査には、ほとんどお返しがない。ことに官庁関係の調査の場合には、地元の町村役場や教育委員会が直接世話をしてくれることが多い。したがって村の中へはいることは比較的容易だし、役場からいってきたのだからといって村人もよく協力してくれるが、こちらは知りたいことだけを聞いたら、それでサヨナラという例が少なくない。最近はこういう調査団がめっきりふえて、多少問題のあるような村へは多くの調査団が押しかけている。

たとえば昭和四五年の沖縄は、本土からの調査者がドッと押し寄せて大変なにぎわいであったという。私は昭和四四年の秋に、ほんの少々沖縄をのぞいてきたにすぎないけれども、もうその頃から渡沖者はかなりふえてきていたようである。そして沖縄の方々を歩いて、いろいろなおねだりもしているようである。

その最もひどい例は、地元から調査費をしぼりとることである。私なども地元から調査費の一部をもらったこともある。これは地元の要請もあった調査だったので、それを受けたわけであるが、近頃は地元の要請もなく勝手に調査地を選定して、地元へ調査費を出せといっている仲間もある。「調査してやる」という意識が実につよい。そのことについて、地元から相談を受けたことが何度かある。両者の間に立っている私が、調査者にそういうことはしないようにいえばいちばん簡単なのだろうが、私のように戦前にすでに成長していた者は、それがなかなかいえないし、そういうことをいって調査地の人びとが迷惑してはと思ってためらうことが多い。この場合は調査地の人びとには発言の場がせまく、調査者の方が有利な地位にあって、実際の被害をこうむるのは調査地の者ということになる。

テレビ、ラジオ、新聞などで報ぜられる多くのレポートでも、地元の声を代弁しているものはほとんどない。そこでは、調査しに来た人の見聞が主になる。そしてそこに、ゆがみや偏見がみられるのはさきにも書いた通りである。かりに調査にあたって、調査地の人びとの協力が十分でない場合には、たいてい調査地を非難したような言葉をはいていて、自分たちが反省をしている例は少ない。そういうことを考えると、忠告することすらがうっかりできない。これから沖縄では、有難迷惑がとうぶん続くのであろう。しかもそういう調査は、地元の人にとっては何ほどの役にもたたない。

ある大学の調査団が、私の郷里の島を調査することになった。そのまえに外務省の後援で、海外移民の調査をしたことがある。私もこれに参加したが、そのときは島をあげて協力した。おそらく地元の人が、組織的にこれほど協力した調査はめずらしいことと思う。島の人はその結果に期待していたが、レポートはついに出なかった。そしてもう永遠に出ないのではないかと思う。そうしたあとに、大学の調査団が調査したいといってきた。しかも調査費の一部を負担せよと。島の町長たちは大変な怒りようであった。調査団員は立派な学者たちで、そういう反対があっても調査はやめなかった。そしてひっそりと誰も知らぬ間に調査をすすめて、すぐれたレポートが出された。寄付せよといってきたのは団長の意思ではなく、大学の事務当局であったということを、あとになって団員の一人から聞いたことがあった。とにかく、このような思いあがりのなかに、調査と名付けられた行為のいやらしさを見ることは少なくない。

調査の目的はいろいろあるにせよ、地元の人たちの立場にたち、地元の人たちのことを心から案じてなされる調査は、意外なほど少ないようである。

もとより調査は、相手にこびるものではないから、調査地に対する正しい批判はなされなければならない。そしてそのことで、地元の人が立腹したとてやむを得ない。しかしそういうことは少なく、むしろ事実の曲げられることを地元の人は多くおそれている。

5　略奪調査の実態

調査にあたって、地元の人がいちばんきらうのは約束をやぶったり、借りたものを返さなかったりすることである。これについては私もずいぶん罪を犯している。

私は、昭和二四年から三〇年ごろにかけて、瀬戸内海の沿岸や島の古文書調査に従事したことがある。漁業法改正にともない、漁業関係資料を漁村から借用して、これを筆写し地元へ返すという作業が行なわれた。私もそれに協力して瀬戸内海を歩きまわった。私は物を借り出すことはそれほど上手ではないので、あまりたくさん借り出したわけではなかったが、件数にして相当の数にのぼった。ところがこれがなかなか地元へ返されなかった。一人だけで責任を負った仕事なら、用ずみのものはドシドシ返却しただろうし、返すのに時間のかかる場合は詫びもしたであろう。が、大勢の者が寄り集っての作業では、自分一人ではどうしようもないものである。最近町村誌の編集が盛んになって、資料が必要になったから返せという催促もずいぶんあった。そこで文書をあずかっている責任者に声をかけたが、なかなか思うようにならなかった。人を怒らせないで、円満に事を運ぼうとすることが、どれほど困難であるかをその際に痛感したのだが、そのまえにそれを貸した方は、だまされたという思いをした人が多かったであろう。だから私の借り出したものでないものまで、私に返却を要求する者が多かった。

この借用の文書は全国にわたっていた。そして借用してから二〇年という月日がすぎ、結局は写したものは全体の半分にも達していなくて、あとは借りたものをそのまま返すことになった。

返す場合にはまた、借り出した当時の人が集まって、借用証の控えといちいち照合して返送しなければならなかった。その返送作業に二年ほどかかったが、文書の返ってきた家ではホッとしたことであろうと思う。

幸いこの方は、借用証の控えをちゃんととっており、借りたものの管理をキチンとしていたからよかったが、そうでなかったらずいぶん大きな迷惑をかけたことになろう。

事実そういう例は実に多い。私が瀬戸内海を歩いていた頃、土地によっては古文書を貸すことを極度にきらったばかりでなく、見せようともしない家がかなりたくさんあった。それにはそれなりの理由もあった。大正時代に、広島高等師範学校に海賊史の研究をしている先生がいた。この人は歴史学者のフィールド・ワークがめずらしい頃に、実によく方々を歩いていた。そしていたるところで、すぐれた資料を見つけると借りて持っていった。その際には、決して借用証を書いてゆかなかったそうである。そしてそれが、再び返ってきた例はほとんどなかった。だからその人のことを、被害者たちは海賊といっていた。その被害者たちは、手元に残っているものをもなかなか見せようとしなかった。

ところがこれは、この人一人のことではなく、持って帰ったまま返さないという例は、全国いたるところにあった。そのほとんどは、地方大学の先生たちであった。

「こちらは明き盲目ですからミミズのはったような字はわかりません。それを読めるようにして、返してくれるというので貸してあげたのですが、いっこうに戻って来ません」。これは古文書を貸した人が、一様にいっていることであり、しかもそういう家で、古文書が写し直して読めるようになっている例に接したことは一度もない。

古文書がそのような状態であるから、めずらしいものが借用されっぱなしになったり、盗まれたりする例は限りなくある。「ちょっと貸してくれ」といって借りていったもので、戻って来たものはほとんどないという。

それよりもひどい例は、植物や鉱物などが盗まれる場合である。とくに天然記念物に指定されたようなものが、見る見るうちになくなっていく。対馬白岳のオオバフウランなど、いま残っている所があるかどうか。調査に名を借りたものばかりでなく、それを商売にしている者が多い。

私の郷里に加納山[2]という山があって、この山にはイワマツが実に多く、それが一つの景観になっていたほどであった。ところが昭和三〇年頃、私は広島山中を歩いていてイワマツ売りに出合ったので聞いてみると「山口県の大島からとって来た」という。「加納山だろう」というと「そうだ」と答えた。しかしもうあまりたくさんは残っていないので、商売にならなくなりかけているとのことであった。その後私の息子が加納山へのぼるというので、イワマツの状態を見て来てもらったのだが、全然見かけなかったという。島民がほとんど気のつかぬ間に、よそ者がとってしまったのである。

これと似たような話なら、北の端から南の端まであちこちで耳にする。そのはじめは、たいてい学術調査で存在を知らされ、それがもとで注目されるようになり、以後急に減ってゆくのである。つまり保護しようとすることが逆効果になって来る。

同じようなケースに入るものであろうが、最近道ばたの地蔵様のようなものが急に姿を消しはじめた。それには一つの歴史があった。関東平野には、戦前までは古い道の辻などに、実にたくさんの青石塔婆があった。緑泥片岩のうすい石にヤゲン彫りで字をほったもので、たいていは年号が入っている。古いもので一三世紀、新しいもので一七世紀の初め頃までのものがあった。年号があるので時代がわかり、また何のためにそこに建てたかも、刻まれた文字によって知ることのできるものが多かった。そのことから関東地方の中世を知るには、重要な手がかりになる。そこで早くからこれに目をつけた学者もあり、稲村坦元氏のように入念に調べて歩いた学者もあった。

その学術的価値がわかってくると、これを盗むものが相ついであらわれた。そのことに気付いた地元では、盗まれるまえに、自分たちの手でこれを集めて保存するようにした。そうして武蔵野から、青石塔婆は姿を消してしまったが、幸いにして各地に保存されているものがあるので、今度は保存所在地を明らかにして、それが見学できるようにしてもらいたいものである。

このようにして、青石塔婆の散佚はかなり防ぐことができたが、一七世紀以降の石造物は現状では盗まれるのにまかされているようにみえる。近頃はそれぞれ自動車をもっているので、手ごろなものは簡単に持っていってしまう。これも早く手を打たないと、よいものはなくなってしまうであろう。世をあげて泥棒時代である。

もっとひどいのは民具の散佚である。これには、最近まで目をつける人はほとんどなかった。だからどこにでもあったし、研究者といわれる人も関心を持つ者は少なかった。あるときオーストラリアから若い学者が来て、日本の民俗を調べたいと相談を受けた。言葉がわからないのなら、民具を調べたらいいのではないかと忠告した。するとどういう手づるを求めてか、福井県のダムに沈む村へ出かけていって、そこの人たちから不要の民具をもらい受け、何百点というほど持って帰ったそうである。それにはだれも無関心であった。しかしその頃から、民具は保存しておかなければならないというような声が起ってきて、まずダムに沈む村の民具が集められた。

ところがそれに目をつけたのは骨とう屋で、それが盛んに地方に出向いて、買いあさって歩く。そしてだんだん値をつり上げてゆく。集めたものは東京のデパートで即売会をひらく。この方は盗品ではないからよいようなものの、今日では学術調査が単なる調査で終らなくなっている。

私は昭和四三、四四年の二カ年間、山口県の委託で萩の奥の川上というところの民俗調査をした。そこはダム水没予定地の村であった。村人の協力のおかげで調査はスムーズに進行して、一軒一軒の農家の民具もつぶさに調べることができた。それによると、およそ一万点の民具があると思われた。調査のことが新聞で報じられると、骨とう屋が目をつけた。しかし調査期間中は遠慮していた。調査を終わって、村で民俗資料館をつくることになったが、その間に半年近くもたもたしていた。すると大半の民具が姿を消した。骨とう屋が買いあさっていたという。私の調査した他の地域にもいくつもこういう例がある。

このようにして地方に住む人たちは、自分たちの生活をうるおしていたあらゆるものを、あらゆる手段によって奪われようとしている。古いものが消えて、新しくなっていくのはよいことかもしれない。しかし人と人とをつないでいた絆が、そこへよそ者が調査などという名のもとに入り込んで来ることによって、それが断ちきられてゆくのは大きな問題である。なぜなら調査によって、地元の人の発言権が増していったという例はきわめてまれだからである。

調査というものは地元のためにはならないで、かえって中央の力を少しずつ強めていく作用をしている場合が多く、しかも地元民の人のよさを利用して略奪するものが意外なほど多い。

［註］

（1）昭和二五年当時は心理学が参加していないため「八学会連合」と表記するのが正確ではあるが、一七頁に「九学会連合」構成団体の変化が記されており、本書では底本の記述に従った。

（2）山口県周防大島の最高峰で、海抜六八四メートル。現在、公式には「嘉納山」と表記している。

上＝家を守るシーサー
下＝青い海の彼方から良いものだけがやってくるとは限らない

はじめに

宮本常一先生が「調査地被害」（宮本、一九七二、本書第一章）を発表されて以来、長い歳月が流れている。しかし、残念なことに——としかいいようはないが——いまだにその内容は色あせたものにはなっていないようである。

そして、宮本先生の書かれたものを含めて、調査をされる側の生の声が、そのまま紹介されているものとしては、泉靖一著『フィールド・ワークの記録——文化人類学の実態』（泉、一九六九）などがあるが、[1]それほど多くないようだ。おそらく、筆をとるためには、被害者の生の声を投げかけられたという痛みに直面しなければならないからではあるまいか。

私も、最近、日本のある島で自分の研究のありかた——というより生き方そのもの、といった方が正確だろう——について激しく叱られるという経験をもった。そのであいのもたらした衝撃を「聞き書き」という形でフィールド・ワークに関心を寄せる皆さんにもお届けしたい。私が聞いたことは、この島だけの特殊事情ではなく、日本の各地のどこでも、昔も今も起こっていることなのではあるまいか。これが、この聞き書きを発表するにあたって島の名前を伏せても充分公表する意義があると判断した理由である。

家族とともに出かけたその短い旅でP夫さんとP子さんに出会った（Pはプライバシーの略である）。P夫さんは、研究や調査に島を訪れる人たちの世話を長年にわたってしてこられた。P夫さんの親戚だというP子さんは、島の民俗などを調べようという意欲をもつ方である。年齢はお二人とも不惑にはまだ間があるとお見受けした。

言うまでもないことであるが、小文の目的は、この島に数々の調査地被害を与えてきた特定の研究者たちを糾弾・追及することにはない。この島に調査地被害を与えたとして登場する研究者はいったい誰であろうかと詮索を試みるような読み方がなされるならば、それは、聞き書きの公表を承諾されたお二人の願いから遠くはずれた読み方となるであろう。お二人は、過去と現在の過ちが今後は繰り返されないことを願って話されたのであるから。

人間が人間を「調査する」ことが産み出す悲しい現実。そのわびしい風景と、そのかなたにあるものについて、これからフィールド・ワークをめざす方々に少しでも認識を深めていただくことを願って、あえて筆をとった。ひとりひとりのフィールド・ワーカーがいかにしてこのような調査地被害という現実を乗り越えられるのかを真剣に自問し、模索することができるか否か。そこに目をつむれば、輝かしい成果は、多くの場合、同時にきわめて恥ずかしい成果とならざるを得ないし、今、大きな危機に直面している、人間を研究の対象とする野外諸科学の再生は不可能であろう。

歯に衣をきせずに率直な意見をお聞かせ下さったお二人を始め、島に滞在中にお世話になった多くの方々に深く感謝するしだいである。

とっても非常識な大学の先生がいる

P夫　とっても非常識なことをやる大学の先生がいるんだ。ある日、大学の先生を案内して、あるじいちゃんの家に入った。「今、ご都合よろしいですか？　こういう仕事できたんですが、話を聞かせてもらえませんか」とあいさつしたわけよ。そしたらじいちゃんが、僕に「P夫、おまえ、目が見えないのか!?」って言ったわけさ。その時、じいちゃんは、一生懸命竹かごを編んでたわけよ。仕方がないから「はい、見えます」と返事した（笑い）。「それじゃあ、今自分は何をしているか？」と畳みかけられたので「かごを編んでいますね」と言ったよ。そしたら「これを編み終わるまで、あんたたちは、そこに立っておくのか？」というから、「手を休めてちょっと相手してくれませんか？」と聞いてみた。ところが「いや、今日はこれを間に合わさんといかんから、駄目だ。明日ならいくらでも相手してあげるから、明日いらっしゃい」といわれたわけさ。

僕は、「先生、じいちゃんがそう言ってますから、明日出直しましょう」といって帰ろうとしたんだけどさ、この先生ときたら「はいはい」といいながら、つかつかつかと家の中に入っていって、床の間の額の写真をパチパチ撮り出すんだよ。それを見たじいちゃんは怒りだすし、僕も頭に来た。

それで、「私はあなたとはおつきあいできません。あなたはあなたなりで調査してください。明日からいっさい私と私の勤務先の名前を騙らんでください」といって別れた。それっきりつきあいがないよ、あの人とは。

P子　私も、この時たまたま大学の先生の調査の仕方を勉強しようとついていっていたのよ。それがとんでもない人だったのね。だいたい仕事だったら、何やってもいいというのかしらねえ？

P夫　そうそう、この間、考古学の発掘のアルバイトに来ていた学生が、仕事を終わって、「宿題やらせてください」というんだよ。すごく、あたふたと聞き取りをしていった。きいて見たら、あの非常識な先生の授業のレポートだって。学生にそうやって集めさせた資料をつづり合わせたものを、自分の論文として発表してるらしいね、あの人は。

P子　そんなのが、学者先生の御研究としてまかり通っていくんだからねえ。

先生は地元の人間として恥かしくないですか

P夫 それから、あのグループもひどかったな。

P子 何の研究？ 文化の調査の？

P夫 Q先生。ほら、国の金で調査するってスクラムくんで来てたあれさ。

P子 ウエッ！ ヘドが出るう。

P夫 まず、調査の依頼の仕方がおかしいわけ。こんな調査のやり方でやりたいとQ先生が言っているという電話が昔から知り合いの別の若い先生から来た。聞いてみるとお年寄りをひとところに集めて長時間の聞取り調査をしたいという。そんな調査の仕方はひどいんじゃないの、といって僕はお世話をすることは断った。

そしたら、こんどは、町長によばれた。知事部局から電話があって、話をまとめてくれときているという。さっきの若い先生に「私が断ったらあなたは困った立場になるの」と聞いてたら、「いや、あんたのいいようにして下さい」といわれたけれども、断ったら、その先生の立場どころか、町長の立場までおかしくなりそうだった。

それで仕方なくひきうけたんだけど、その調査法ときたら、大勢のお年寄りを朝の八時から夕方の六時まで、体育館に缶詰めにして聞取りをやるわけさ。

P子 もう、気違い沙汰よ。だってね、ばあちゃんが、方言の単語を聞かれて、緊張もしているし、すぐには出てこないので、「うちの小さい時は」と話しはじめた。年寄りが自分の心の整理をしながら話すわけよ。そしたら「あなたの小さい時の事はいいから、このことはなんていうんですか？」って。私は言ってやったわ。「そういう質問するなんて、本当にバカだなあ、あなたは」もう腹がたって、この日一日協力しただけで、すぐやめたの。

P夫　僕は、仕事だから、がまんして調査につきあった。やっと終わって、僕はQ先生に頼んだよ。「報告書ができたら、どうか地域の学校に一冊ずつ寄贈してください」とね。そしたら、「とても高い本になるから、教育委員会に一冊だけ」という返事だった。まったくあの人は、顔も見たくないな。

調査の終わりごろ、調査隊員のうち、県出身の先生がたは、いい人たちだったんで一緒に飲みに行った。そこで、したたか文句いったよ。「先生なんかは、地元の人間として恥ずかしくないですか、こういうふうな非人間的な扱いを受けて。それで調査は成功したと思っていますか」といって。

P子　返事はどうだったの？

P夫　「はいはい。わかりました」としかいわんよ。

P子　きのうの晩、せっかくの私の説教を酔っ払って聞いてたアンケイ先生と同じよ。みんな口だけよ。翌日になったら一番肝心のことを忘れたなんていう、うそつきよ。

P夫　アンケイさん、風向きが悪くなってきたみたいよ。そろそろマイクのスイッチ切った方がいいんじゃない。

――私は、言われるままに録音機のスイッチを切り、昨晩のP子さんのお説教を二日酔いの頭のなかから呼び起こそうと努めてみた。

もし人が滅びるならば学問で滅びる

あなたは何をやる人？　学問する人みたいだけど……。

私は、人としての気持をもっている人間とは、初対面でもえんえんと話をするのよ。

これは、私（P子）のばあちゃんの口癖だったんだけど、「学問というのは尊いもの。これからの世の中は、もし人が救われるなら学問で救われる。滅びるならば、学問で滅びる。だから正しい学問を子供にさせなさい」と、いつも繰りかえし言われたわ。

この島に来る学者、研究者というものは、どうしてこうなのかしら。私が、本格的に自分の島の民俗や方言の勉強をするようになってもう二〇年以上たつわ。学者先生がたの調査というものについては、二〇年来のぐちがたくさんあるのよ。どうぉ、聞いてみる気はある？……そう、聞く気があるのなら言わせてもらうわね。私の心のあらわれの言葉だから、しっかり聞いてちょうだい。

学生や学者が島から物を取って行く

かりに三〇年つきあっても、この人はだめ、という人もいる。学者でも、写真家でも、画家にしたって、記者にしたって、身を取らせて骨を抜いて行くという人がいっぱいいるわけ。そういう類の人いっぱいいるのよ。この島にくるなかで。

もっとはっきりしてるのは、物を取って行くこと。墓荒しが一番ひどかったけれども、学生や学者がきて、墓を荒して中にある物を取って行く。古い墓には、鎧や兜などの武士の装束があったけれども、それも、いつのまにかみんななくなっている。役所につとめている人が、あるグループの大きな手荷物を見て、これはあやしいとにらんだことがあった。職権で開けさせたら、案の定、つぼなんかの盗んだ骨董品がぎっしり入っていた、ということも実際にあったわね。

借用・盗用・しらんふり

Ｌさんという先生がいたわ。あの人、覚えてるかな。私がまとめた、祭のレポートや、島の精神構造なんかについて私が書いたものを、コピーするからちょっと貸してくださいといって、風呂敷包み一杯ほど、もって行ったっきり。もし、まとめられたら島に返してくれるともいっていたなあ。あれから、もう一五年くらいになるかしら。何年か前に遠いところへ転勤したらしいけど、しらせてもよこさないわ。

子供の話を書いたことがあったわ。これをある研究者に見せたら、貸してくれというのよ。そのかわり、私にも勉強させてくださいな、と頼んでみたの。そしたら、文章のくみたて方を教えてあげるというから、原稿を渡した。結局は何も教えてくれないでそのまんまよ。

ある時、友達から、私の書いたレポートがほとんどそのまま、無断で雑誌に載せられていると教えられたこともあったわ。でも、そんなのは見るのもいやだから、忘れることにしているの。

ほとんどそっくり持っていって、こっちに一番帰ってきてほしいな、と思っているのは、Ｘさんの資料よね。丸一日ホテルでかんづめ状態になって、ぴっちりしゃべった。主に心のことについて、自分のプライバシーのことまでみんなしゃべったのよ。他人のことは、迷惑がかからないように、名前を伏せてしゃべったわ。

実は、それまで書いたものを、私のミスからすべて失った直後だったので、思い出してしゃべれるだけしゃべり、なんとか記録してもらおうという気になったのよ。家族は、あんなものに協力してなんになるの、と私を非難したわ。

あの人、とても喜んで、文字化したときには私に送ると言ったのよ、このXさんという人は。ところが、その後、この人から来たのは、住所なし、あいさつだけの葉書一枚。卑怯なことに自分の連絡先を一切教えない。私たちはとても悲しくてくやしい気持ですごしているよ。せめて、あのテープだけでもダビングして返してほしい。今の私には、あれだけのことを話す力がないんだから。

写真家でV子さんという人もいたわ。祭の時に、あるばあちゃんの家であった。当時、知らない人には、お膳をつけてくれなかった。私がついていくと、待遇が違う。私は、祭の記録をとるために、写真を撮りながら、集音マイクで音をとろうとしてたの。とてもひとりではできないので、V子さんを連れてきて、長いお祭りの中で意味のある部分を合図して写真とってもらったの。これは、初めての人にはなかなか分からないことなんで、V子さんとても喜んだわ。

当時、カラー写真の保存は大変だったでしょう。私が撮った写真を見て、V子さんが、外に置いておいてはいけない、保管する専用の入れ物があるというのよ。二〜三年の猶予をもらえれば、ネガから整理しなおしてあげる、と親切にいわれたので、みかん箱ひとつ分ほどのネガを預けたわ。その後なしのつぶてで、それっきりなんにもない。私もうかつだったわよ。住所も聞いてないし、姓さえ書き留めてない。あのV子さん、そんなに悪い人じゃなかったけどなあ。急病にでもなって亡くなったんじゃないかな。

こんなことを話しているとおかしくなるでしょう。私って資料なくすのが上手だと思うわなあ。今から、あれだけのこと調べろっといっても、もう私は、とてもやり切れないと思うの。どうして次々にこうなるのかしら。念には念を入れて、「じゃあ、あなたの言葉を信じましょう」といって、原稿や資料を渡すけど、誰ひとりやってくれなかった。連絡もくれなかった。

いきなり「調査」といわれても困る

物とりや嘘つきでなくて、堂々と胸はって来る先生方も多い。

これこれの調査に来ました、とりっぱな肩書の名刺を出されるわね。自己紹介することも大事でしょうけど、なんとか研究所の調査っていっても、そもそもそのなんとか研究所を知らないし、その調査がいったい何になるのかを島の人間がわかるように前もって言ってもらわないと……。学問的すぎて島の人間には説明しきれないこともあるかもしれない。人間のやってることだから、やむにやまれずやっていることもあるかもしれない。でも、納得いかないのに協力せえ、と言われても、それは無理よ。

島の人間は、特にお年寄りというものは、あらたまって話すことに慣れていないでしょ。標準語で話すことにも慣れていないわね。そして、テープレコーダなんかの機械にも慣れていない。だから、そのへんのことをよく考えてつきあってほしい。少なくとも、前の日から心の準備ができるような形で、ゆとりをもってやってくれないと困る。

それから、だれでもそうでしょうけど、お年寄りというのは、聞かれたときに、聞かれたことだけでなく、自分の感想、気持を付け加えていくというのは、必ずつきものなわけよね。その時に、「ああ、そうですか、ばあちゃん痛かったでしょうね！」とそういうふうに相槌をうって、人としての心をもって聞いてくれるといいんだけれど……。実際には、そうじゃなくて、「いや、それはどうでもいいので、質問に答えなさい」というようなものの言い方をする人がいる。これは大きな問題。話し手の心のあらわれの言葉というものをちゃんと聞いてほしい。そしてうまくしゃべれるようにしてほしい。こういう点への配慮がない研究者がいるのは本当に困りもの。

神職の女の方が、こういわれたそうよ。「島の外からいらっしゃる先生方に、問われるままにいろいろお話しをします。学問のために協力すべきだとは思っているんだけれど、話せば話すほど、なんだか自分の『徳』というものが下がっていくような気持がして仕方がないんです。」

これは、神女のばあちゃんの徳が下がっているのではないのよ。私たち島の人間は行事の時に神女が神様の着物を身につけていらしゃるときには、面とむかって顔をまっすぐ見るというようなことはありません。平生の時でもまちがっても暴力を振るうなどということはけっしてしない。どんなときでも、自然に敬いの気持をこめて接しているということなんでしょう。ところが、他所から来た学者先生は、神女といってもただの「情報提供者」としてしか見ないことが多い。それで、こういう先生方と接することが増えるほど、なんだか徳が下がっていくような気持になる、ということだと思うの。結局は、地元の神様に対する敬いの気持のある人とない人の違いということになっていくでしょうけど、お互いに人として敬いあわない人に出くわしたときには、いつでもどこでも起こることじゃないの。

こんなふうに、調査の弊害というのは、ただ「持ち出された」というだけじゃない。知らないうちに蝕まれたものが、私たちの心の中にできているわけよ。

ここに今生きている人の暮しを大切に

まとめ方の問題だけど、話し手が一部についてあてはまる話をしているのに、それを全体に通用することだとして書いてしまう研究者がいるのよね。それと、話し手が話している範囲をちゃんと捉えてほしい。例えばこの種類の特別の織物は、「ずうっと昔から作っていますよ」とお年寄りが言ったとしても、それが六〇〇年も以前からの話であるはずはないので、せいぜい一〇〇年程度のものにすぎない、という当たり前のことがわからない。そういうことがちゃんとしていない調査者がいることは大問題ね。結局は、何度も来て、よく確かめてそれを書くという基本が守られれば、こんな馬鹿なことは起きないはずだと思うわ。

それから、「ここは、とっても大切なことなので、落とさないでくださいよ」とたのんでも、そこを落としてしまう。何回言っても、そこが落ちてしまう。それが不思議なの。ここに今生きている人の暮しを大切にして調査する、という立場にたてば、そんなこと起こりっこないわよ。そういうふうにとりくんでくれる研究者も、少ないけれどいないわけじゃないのにね。

調査隊にお願いしたいことは、人として関わった以上は、人として関わり続けてほしいということ。人としての好意を示してほしい。それがないから、話した人としては何か寂しくなるのよね。繰返しになるけれど、人としての心がほしい。

調査が終わったら、必ず報告したものを送ってほしい。これは、最低限のことよね。まあ、最近は以前と違ってだいぶよくなってきたわね。でも、とくに、話してる人が高齢者の場合、でき上がった資料を、「はい、できあがりました、お送りします」という、これだけでは、寂しいとおもう。本当は、「あなたにきいた話は、こういうふうにデータとしてまとまりました。これには、こういう大事な意味があるんですよ。ご協力ありがとう」とそういう形でもって来てくれるのでなければ、本をもらってみても値打ちがわからんし、大きな報告書をもらっても、島の人にそれをひとつひとつ全部読む気力は、まずないわよ。だから、そこまでの努力をしてくれないといけないと思う。だけど、そこまでちゃんとやれている例はほとんどない。そこまで言われちゃ、もう手が回らない、というかもしれないけれど、話した側にしてみれば、訳わからんよ。

あの人は私たちを実験台にしている

でも、研究の結果が実用に結びつくと、怖いことになることがあるわねえ。今、この町が実現へ向けて取り組んでいるZ先生の青写真には、私は真っ向うから反対。あの膨大な都市計画、膨大な経済計画というのはちゃんとした研究から出てきたのかもしれないけれど、あの人は私たちを実験台にしている。地域を自分の学説を実証する手段に使っていると思う。これは、あくまでも私の見方だけども……。

学者のいうことを鵜のみにして、「ごもっとも」と乗っかっちゃいけないって私は言いたいの。私たち、同じ島にすむ人たちに、「もうちょっと私たち賢くなるべきよ」っていいたいの。失敗したってあの人は責任とらないんだから。研究の費用はどこかから出てくる。国とか県とか。やってる人にとって、あれは学問という名の単なる趣味だと思うの。責任ないもの。でも私たちここに住んでる人には責任を感じてほしい。人生八〇年になったけど、あと八〇年後を考えて進めてほしい。

あなたも、最近、どこかの島で「無農薬米の産直で地域おこし」とか言って旗ふってるらしいけど、島の人間が独力でできるように育てていかなくちゃだめでしょ。今みたいな、船をひっぱって岩ゴロゴロの山道を通すようなやり方が長続きすると思うのは、あなたの思い上がりじゃないかしら。無理に無理を重ねて家族を泣かすような学問が何になるの。

よぉく考えてね。よそから持ってきた智恵や文化で、地域が本当に生き延びられるわけがないのだということを。

勉強を助けてくれる研究者もいる

私が始めのころに提供した資料は、ひとつも来ていないけれども、最近は、ずっと連続して調査してくれている大学や研究所があるの。そういう場合は、そこに次々に納めるというかたちで整理されていくだろうから、島の人間だっていざとなれば、そこに見にいくということも理屈の上ではできないわけではないわね。研究者のなかには、調査としては事実にかなり接近している人もいる。とてもいい調査をしてたカップルもあるわよ。それから、島の人間が勉強することを励まして、助けてくれる先生も数は少ないけどいるわ。

島の人間としての反省

これは、島の人間としての反省。今から一八年前（一九七〇年代のはじめ頃）に、伝統芸能の研究にいらっしゃった人がいて、どうしてもその芸能を復活してやってみせてほしい、としつこく頼まれたことがあったそれで、すでに出演の全員はそろわない状態になっていたのを、若いひとをかき集めて教え込んで、それを再現して、フィルムに撮ったのよ。先生は、大変喜ばれて「この足の踏み方というものは、六〇〇年前の能の足の踏み方と共通するものがあって、非常に古風をよく残しています。大変学術的な価値が高いものです」とおっしゃったわ。しばらくして、報告書といっしょにその撮ったフィルムを送ってくださったんだけど、島に帰ってきたフィルムを受け取った人が、それがどれだけ大切なものかわからないままに、今ではどこへ行ったかわからなくなってしまっているわけ。こういうことは、地元の側の大きな反省点だと思う。

私自身も、子供の世話しながらではビデオが撮れないっていうので、人を頼んで撮ってきてもらったことがあるの。それなのに、一度もちゃんと見ないうちにビデオテープにかびを生やしてしまった。ドジな話。

それから、これはこの島に限った話じゃなくて、まあ一般論だけれど、地元の人間にも問題のある人もいないわけじゃない。いろいろ調査されたり、それに協力したりするうちに、しったかぶりの語り部というのがでてくるのね。中途はんぱにしか知らないのに、もう全部知っているようなつもりで話す人がいるわけ。「私は、この部分は知りません」と言うことを知らない語り手。これは自分しかしらないことなんだ、という伝承の私物化みたいな意識さえ生ずることがあるのよ。こういう人の存在が、時として誠実な調査を妨げる場合もある。それを正しく見分けるのが学問の目だと思うの。だからといって、「あなたは、物を知らない」というようなことを言って、相手を傷つける接し方だけは絶対にして欲しくない。

人であることを忘れるなよう

だれにも、思わずやったことが、はたから見るとすごいわがままになってるってことは、こりゃあるわ、人間だもの。だけど、冷静によく考えた上でやっているわがまま、こんな理性のあるわがままは、許されるものじゃない。誠意さえあれば良いと思ってる人もいるみたいだけど、自分に誠意があるから、すべて意のままに通ると思うのは、きったない甘えさ。そんな奴は、この島に二度と来られない状況にしてやるわ。あんたも、いつでも、どこでも、人であることを忘れるなよう。

島の外からやってくる、人間としての自覚のない人たち、誠意だけはあるけれどそれが甘えになってしまっている人たちに、私もずいぶん泣かされてきたわ。けれど、私の涙はわたしひとりの涙じゃないのよ。この島の人たちは、海も山も川も、岩も木も鳥も魚もすべてのものを、神のやどるものとして大切にしてきている。そういう気持をわかってほしい。だから、私の涙は、人間だけじゃなくて、すべての命あるもの、何千何億の声なのよ。そうした小さな痛み、叫び声を大切にできない人にいったい何が大切にできる？

あなたには、今、世界中から響いてくるその声が聞えるかな。

［註］

（1）泉靖一氏は一九四九年（祖父江孝男氏のご教示によれば、これは泉氏の思い違いで実際は一九五三年だった）の北海道調査中、次のように強烈に叱られ「雷光に打たれたよりも激しい衝撃をうけ、ただあやまって調査をせずに帰ってきた」。これが一つのきっかけとなって、泉氏は生身の人間を研究対象とするのをやめて、南米の考古学に転ずるのである。

「おめたちは、カラフト・アイヌがどんな苦労をしているか、どんな貧乏をしているかしるめえ。それにのこのここんなところまで出掛けてきて、おれたちの恥をさらすきか？　それともおれたちをだしにして金をもうけるきか、博士さまになるきか!!」（泉、一九六九）。

［追記］

この聞き書きの英語版（**Ankei, 2006**）を出したとき、学習用に次の設問を付け加えた。

• 問1　著者は話者の名前だけでなく島の名前までも伏せているがそれはなぜだろう。このような極端な匿名性は、報告の学術的な価値を損なうのではないか。

• 問2　もしもあなたが著者だとしたら、人であることを忘れたような行動をとったと批判されている人々に対して何らかの行動をおこすか。

• 問3　ここに語られている被害の苦しみを減らすために、あなたならどのような提案をするか。

上＝山の幸・イノシシを担ぐ西表島の人たち（1988年）
下＝道なき道を歩く。初めての西表島フィールド・ワーク（1974年）

島びとの言葉・入門編

西表の島びとは、いつも、地域で研究するとはどういうことか、心得ておくべきことは何かを、親身になって教えてくださっている。以下に紹介するのは、大学を出たばかりの私（安渓遊地）への島びとの言葉である。

「フリムン（馬鹿たれ）！ 人が弁当を食べている時にそんなにつぎつぎに聞いたら、この人は食べられんでしょうが。ちょっとは考えなさい」

「おまえ、何をしに来た。なに調査だ？ バカセなら毎年何十人もくるぞ」

「イリオモテヤマネコ保護のために、人間を追い出せと言った学者が島に来たら、ヤマネコを守ってきたおれたちが山刀で叩き殺してやる」

大学の教員になってからも教育は続く。

「おい！ メガネ！ いったい誰のおかげで大学の先生様になれたかわかっとるか？」

「島のことを書いて稼いだ金のせめて半分は、島に直接還元してもらいたい」

「いやあ、あんたは、よう長いこと島を研究してきてえらい。ついては、うちの村の祭の旗が古くなっとるから、まあ何年かかってもいいから、ひとつ新品を寄付してくれよな」

――珍しくほめられても後があるのだ。

「あんたのつくった『西表島関係文献目録』（安渓、一九八六ａ・一九八七）は、盗品リストとして使える。ほとんどの学者や物書きは調べていったきり、地元には音沙汰なしなんだから」

「こんどの集りでは島にとってガクモンが一体なんぼのものであるのかをじっくり見せてもらおう」

これは、一九八八年一一月に西表島で開催した「西表島の人と自然――昨日・今日・明日」シンポへむけての、身のひきしまるはなむけの言葉だった。会場では、地元青年から、

「ふるさとと思う気持ちが少しでもあるなら、世界の宝であり、ぼくらの生活の基盤であるこのすばらしい自然を守るために、もっと研究を進めて、もっともっと力を貸してもらいたい」という注文も受けた。

島びとの言葉・中級編

その後すぐに、石垣島で発行されている『八重山毎日新聞』（一九八八年一一月二六日号）に「安渓先生に物申す！」と題する匿名の投書が載った。シンポで無農薬稲作など、地域の伝統の智恵を活かした地場産業を起こしていくことの意味を西表の方々に申しあげた私は、外部資本による大規模リゾートに疑問を呈しておいたのだが、その点への反発だった。

「今や国をあげてリゾート法のもと各市町村と地元が必死になって取り組もうとしているリゾート産業に実体と余りにもかけ離れた議論が先生とやらの名のもとに行われているのを、冷やかな目で見た人も数多くあろうと思う」というのだ。

それに対して私は同紙（一二月六日号）で「島びとの生活水準と宿泊者の生活水準の極端な違いを前提にした豪華なリゾートは、本質的に植民地的なものです。一部に潤う者が出はしても、究極的には地域の自律的な発展を破壊し、島びとへの差別を助長するもの」と答えたが、再反論はなかった。

シンポジウムで提案した無農薬米の産直が翌年、西表でじっさいに始った時、私はそれまでの「なるべく

多くの人からいろいろ聞きだしては論文を書く」という研究者としての態度を放棄せざるをえなくなった。種子をまいた責任が生じたのである。今では、有農薬稲作を推進する側の「あいつは西表のガンだ」という評価が定まったもののようだ（詳しくは第四章で述べる）。

良いマレビト？

話は飛ぶが、一九九二年の夏、北海道・二風谷の「萱野茂アイヌ記念館」を訪れる機会があった。萱野さんのお言葉は研究者のはしくれである私にとってたいへん厳しいものだった。

「……アイヌ側からはっきり言わせてもらうと、シャモのそういう学者たちは、さもさも、来て寝たり食ったり泊ったり連れて歩いたりしたら、それで友達になったように一方的に思うけれども、アイヌから見てそんなに、ああいいなという、そういうふうに思ってはいません」（現代企画室編集部、一九八八、八九頁）。

沖縄の場合も、よそものが「良いマレビト」などと自称する場合があるようだが、恥ずべきことだと私は思う。台湾から遠くないある島を題材によくエッセーを書いているTという作家がいる。彼の記事に実名で登場させられた島びとからの電話によると、取材を拒否したのに、知らない間に三度にわたってプライバシーを印刷・公表されてしまった。被害者は精神的ショックから何日も寝込んでしまい、今も仕事が手につかない状態になっておられる。ひとつには、原稿の段階で当事者に見せて了解をもらう、という当然の手続きが無視されたためだった。

地域のためを思って誠意をもってほめて書くなら、何でも許されはずだと思い込みがちなよそものである私自身への自戒をこめて、被害にあわれた方の言葉を引用しておく。

・知らないところで公表されます。
・拒否しても活字化されます。
・ほめて書かれても、その結果が良いことばかりとは限りません。
・抗議しても誠意ある対応が望めません。
・それはあるときはあなた自身かもしれません。

〔追記〕
その後、作家Tこと立松和平氏に対しては、盗用問題を含め『週刊金曜日』でのやりとり（安渓、一九九三a／立松、一九九三／安渓、一九九四）を手始めに、被害者とともに一〇年を越える対策を余儀なくされることになる（安渓、二〇〇二b。詳しくは **http://ankei.jp** で「立松和平対策事務所」を検索）。なお、萱野茂エカシの言葉の引用にあたっては、投稿前に電話とファクスで連絡をとり、快諾をいただいたものである。「人間らしくある人間（アイヌ・ネノアン・アイヌ）」であれ、といつも教えさとして下さったエカシに心から感謝している。

上＝笑われてもいいからやってみる。西表島での田植え経験（1977年）
下＝コンゴ民主共和国の森の村の子どもたちとともに（1990年）

I　はじめに

君子の交わりは水のように淡いというのだが、地域研究をしているとさまざまな「濃いかかわり」を余儀なくされる場面がある。その時、地域研究者として何を選択するかは、ひとりひとりにまかされている。そして、その選択の結果、予期せぬ状況に陥ることもある。とくに、個人としての誠意だけでは解決できない構造的な問題にかかわる場合には充分注意しなければ、思わぬ落とし穴に落ちることになる。私の場合にはなぜか深入りをしてしまう傾向があるので、この報告はその結果私が陥った苦境とその脱出の手だてについての実況レポートである。

地域研究が地域研究であるためには、学問と地域の双方への正直さが必要だが、そのバランスは、私においてはともすると「地域への愛」の方へとめどなく崩れがちであった。その結果が大きな破局にいたらなかったのは、いつも暴走車のブレーキ役を引き受けてくれる妻・安渓貴子のおかげである。

私は、一九七四年に妻とともに南島でのフィールド・ワークを始めてから西表島に通い続けている。その間に経験した、私の「地域への深入り」の場面から、「深入りのきっかけ」や「地元民でもないのに地元の人々の代弁をするはめになった」、その時何がおこるか、さらに「地域での運動の旗ふり」のような役回りになったら、という場面を紹介してみたい。それぞれのエピソードは、教室での私の講義の一場面の再現として語ってみよう。

フィールド・ワークに付随した人間関係の深まりに伴って起こってくる様々な状況に、どのように応え、あるいは応えないのが、研究者として、また人間として望ましいのだろうか。この問いに「人間としての信義をつらぬくこと」といった一般論的な答えはありうるが、それは実際の現場ではほとんど役に立たない。

この問いをより多くの人の共通の関心事とするための手法のひとつとして、この報告は、文化をめぐる地域研究の現場で、研究のテーマにかかわらず起こりうることを例示したものである。

研究者の卵がみんな地域研究の現場で「濃いかかわり」をめざせば、地域にとっては大きな迷惑となる。だから地域研究を志す人たちが、フィールドにおける地域とのかかわりの落とし穴について思考実験的に擬似体験できるような教育プログラムが必要なのだと私は考える。具体的には、長く地域研究に係わっている者の責任として、地域との「濃いかかわり」が生みだすものについての、めいめいの恥ずかしい失敗談を含めて、なるべく正直に後進に語り、その記録を可能な範囲で残しておくことに意味があると考えている。

自分が印象的に語ることができるトピックを選んだ結果、語りのこしたことは多く、他の方々の失敗談ないしはフィールドでの幻滅経験（例えば、船曳、二〇〇一）への目配りもできていないが、このような語りへの呼び水として、ささやかな試みを提示してみたい。なお、同じ語り口によるアフリカ編も構想している（本書第一〇章）。そこでは、村で養子になる経験や、最近のエコツーリズムへの参加などについても語りたい。

Ⅱ　「濃いかかわり」と落とし穴の事例集

一　短気は損気？――フィールド・ワークに「正解」はあるか

みなさん、こんにちは。今日から五回の予定で、「文化人類学入門――フィールド・ワークの光と影」というタイトルで、講義をさせていただきます。眠くなったら、いつでもオカリナを吹きますのでよろしく。

さて、イリオモテヤマネコで有名になった西表島に通い始めた一九七四年ころ、私は、ニホンザルやチンパンジー社会の調査などで著名だった京都大学の伊谷純一郎先生の指導で島の南西部の崎山半島の廃村調査をしていました（安渓、一九七七、安渓編、二〇一七）。廃村から戻った私をいつも居候させて下さったのは伊谷先生に紹介された石垣金星《きんせい》さんです（石垣、二〇二三）。彼は、島興し運動家で、家には仕事のないＵターン青年たちがいつもごろごろしていました。いっしょに居候しながら、そんな若者達に投げかけられた辛口の言葉については、資料を見てください（安渓、一九九二c、本書第三章）。

さて、ある晩のこと金星さんに伴われて近くの家にお酒を飲みに行きました。石垣島の画家で民俗研究家の石垣博孝さんもたまたまご一緒でした。しばらく飲んだところに、近所のおじさんがやってきたんです。すでにかなり酔っておられたと思います。

ところが、そのおじさんが、いきなり私に向かってこう決めつけてくるんです。

「おまえは、廃村調査とか偉そうなことを言うておるけれども、墓を荒らして骨董品で一儲けをもくろんでいるか、それともそういう連中の手引きでもしているんだろう。島の連中はだませても、俺の目はごまかせんぞ！」

フィールド・ワークで出会う問題には――もちろん人生にも――「正解」はありませんが、あなたが私の立場だったらいったいどう答えますか。「一応先生に電話で助言を求めて……」というようなゆとりはありません。ハイ、どなたでも。

――（学生）「何のことでしょうか」ととぼけて見せます。

――「そのようなことはまったくありません。私がやっているのは、純粋に学問的な勉強なんです」と反論します。

ありがとう。そんなふうに答えられればよかったんですけれど、私もすでにかなり酔っていて、とっても短気な二三歳の若者だったんです。僕は、やおら立ち上がってそのおじさんを指さしながら、のども破れるほどの大声で、

「あやまれーっ!! 学問を何だと思ってるんだあ！」と決めました。石垣金星さんから、墓荒らしの横行についてはさんざんきかされていて、僕自身とっても腹が立っていたのに、その仲間かと言われたからです。

そうしたら、おじさんは、そこにあったビールの空き瓶をつかんで立ち上がりました。「なに？ 俺にあやまれだと!?」と僕の頭をたたき割る体勢に入られました。さて、みなさんなら、ここでどうしますか。真剣勝負です。ビール瓶がもうあなたの頭の所まできていると思って……。

——逃げます。

——さっと、おじさんの瓶を取りあげます！

なるほど。僕にそれだけの運動神経があればよかったですね。フィールド・ワークに限らず、命の危険を感じたら、できるだけ素早く逃げるのが正解と思います。でも、僕はその場にへなへなと座り込んでしまった。たぶん腰が抜けたんですよ。そして「す、少なくとも取り消してください」と急にトーンが下がってお願い口調です。

しかし、おじさんは「許さん！」といって、なおも振り上げたビール瓶をおろしません。危うし僕の頭！

その時、家主が太い声で「帰れ！」とおじさんに言ってくれました。おじさんは、ビール瓶から手を離すと「覚えてろ！」と凄んで帰っていかれました。たぶん、明かりのついている次の家を見つけてそこに上がり込み、お酒をもう一杯飲まれたのだろうと思います。

おじさんが出て行ったあと、両側の二人の石垣さんから、「軽率！」「けんかは相手を見て売れよ」と、僕

は諭されました。いつもはいい人だけれど、お酒を飲むと手がつけられないおじさんで、村で唯一彼に対しておさえがきく人の家でお酒を飲んでいたので命拾いしたというのです。家主さんは、「いや、元気があってええよ」ととりなしてくださったのですが、それを聞いてぞおっとしましたね。あの時頭をたたき割られていたら、たぶん僕はここでこんな話をしていない。

さあ、そうなると、あのおじさんに会うのが怖いじゃないですか？　なるべくおじさんの家のある道を通らないようにして、その時の西表滞在は無事終わりました。でも、修士研究は二年間。数ヵ月後、また島にやってきました。

一本道を歩いているときに、向こうから例のおじさんが歩いてくるんです。逃げるわけにもいかないので、あいまいな笑顔を浮かべながら「こんにちはー」と言いました。すると、彼はすうっと近寄ってきて、僕の耳元でこうささやくんですよ。「おい、俺の家に今晩酒呑みに来い。……俺、お前好きだからよ」

さあ、どうしましょう。お酒を飲むと手がつけられないという定評のあるおじさんに、たった一人で招待されてしまいました。この手の誘いに乗ることは、女子学生にはけっして勧めませんが、男子学生だったとしたら、という条件で考えてください。

――（学生）「体調が悪いので、今日は無理です」と答えます。

そうですね。良い考えです。でも、会うたびに「良くなったか」と聞かれますよね。いつまでも逃げ続けることはむずかしそうです。

――私なら、飲みに行きます。

はい。正解はわかりませんが、とにかく僕は、お店で泡盛の一升瓶を買って、それを担いで夕方一人で遊びに行きました。そうしたらおじさんが自分で捕ってきた魚の刺身が切ってあって、飲み始めました。アルコール度数三〇度の泡盛一升を空にした二人は、いつものおじさんの行動パターンですが、まだ起きている家々を次々に襲って酒のはしごです。明け方近く、ふと気づくと僕はおじさんと二人からみあうようにして、見知らぬ家の縁側で眠り込んでいました。おじさんは、僕をつつき起こしてこう言いましたね。

「おい、アンケイ、明るくなったら恥ずかしいから俺の家に帰って寝よう」

二人は這うようにして、おじさんの家にもどり、昼過ぎまで爆睡しました。

それ以来、おじさんは、彼自身の言葉に従えば「自信と誇りをもって」他の人があまり知らないような、西表島のいろいろな古い伝承を教えてくださいました。とくに崎山半島の地名の研究では、僕にとっての最大の支援者となってくれたのです。一例をあげますと、ある夕方、僕がサンダル履きで浜辺をぶらぶらしていると、舟のところにこのおじさんがいて、いきなり「乗れ！」というんです。こんな時、断ってへそを曲げられると怖いので、どこへ行くとも聞かずに乗りました。そうしたら、なんと、船外機つきのボートで飛ばして片道四〇分もかかる崎山村の向こうまで連れて行かれて、ペブ石という海中の大岩の所に着きました。

「お前、鹿川《かのかわ》村の連中がペブ石でワニを獲った話は知っとるか？」と言われ、一応知っていますと答えました（後に安渓・安渓、二〇〇三等を発表）。

「話を知っているものはおるけれど、若い者で実際にその現場を踏んだ者がおらん。現場を踏んでみなければ、本当のことは判らん。登れ登れ」

と言って、海中に斜めにそそり立つ巨大なペブ石の上まで僕を上がらせてくれたのでした。滞在はわずか五分ほど。鹿川廃村まで足を伸ばすことなく、崎山廃村にもよらず、まっすぐもどったのですが、燃料代の出費だけでも大変だったでしょう。これは、まずは五体で感じとったものをよく咀嚼して、それを誰にもわかるように表現しなさいという、島びととしての貴重な教えだったと思います。

僕が発表した島の生活誌の文章（安渓、一九八二）に間違いがある、といって家に呼びつけて、隣村の人と二人がかりでこまかく訂正をしてくださったこともありました。それは、主として僕が網取《あみとり》村の方言と、祖納《そない》・干立《ほしたて》方言を区別なく書いていたことから生じた誤解でしたが、沖縄の人類学調査と酒呑みの大先達であった野口武徳さんが、宮古の池間《いけま》島で原稿を島の人に見せたところ、真っ赤になるまで訂正されたという経験（野口、一九七二）も思い起こされ、僕にとっては大切な助言となりました。

大学の先輩で、イノシシの生態を研究していたある研究者は、僕より五年以上前から島に通い、丸一年間島に暮らして、住民の方々ともとても仲良くしておられますが「あの人だけは苦手だな」とおっしゃっていました。今日のお話を、あのとき、かっとなって怒鳴りつけたから、または村人のひんしゅくを買いながらもおじさんにつきあって深酒をしたから、うまく仲良くなれたという、技術論だと受け取らないでください。僕がフィールドでブレーキが外れて暴走してしまったことは、決して推奨されることではありません。それでも、軽率な自分をさらけだすことが、西表島の社会では、はからずもより深いつきあいを生むきっかけになった可能性もある、ということをお話ししたのです。

今日は、フィールド・ワークで出くわす問題には模範解答がないということを、西表島でのはじめての滞在を例にお話しました。それぞれの人が、マリノフスキーがトロブリアンド島でのフィールド・ワークで悩んだように、日常的に模索し悩みながら、自分の人間としての力のありったけを出して、その場で即決しなければならない場面があるのだ、ということをお伝えするためのお話でした。

もちろん、率直な自分をさらけ出すのがいいとされる社会とそれは悪いこととみなされる社会がありま す。沖縄のようにいっしょに酒を飲むことが当然とされる社会で、村の中の人間関係を知るためには、フィールド・ワーク中に調査者が酒を酌み交わすことは、調査を円滑に進めるための有効な手段でありうるし、また半ば強制されることも少なくありません。しかし、誰と飲むか、どのように飲むかということは、村落社会における影響力の関係のネットワークの中では——これを「政治人類学的な権力関係」とか学者はいいますが、中身にはあまり関係ありませんから気にしなくてけっこうです——重要な問題で、それを知らずに対応していると、調査者みずからが大きな問題を引き起こしてしまうこともあるということを、僕自信の反省をこめてお伝えしておきたかったのです。

それじゃあ、プリントをお配りした「される側の声——聞き書き・調査地被害」（本書第二章）を次回までに読んで、フィールド・ワークする側の勝手なつごうや思いこみで、現地がどんなに迷惑をしているか、という生の声に耳を傾けておいてください。お配りするプリントは、基本的に僕のウェブサイト（https://ankei.jp）の「講義」とか「研究」のページでも公開していますから、そちらで見てもらってもかまいません。

二　話者が筆をとる——試みの末に

西表島では、廃村調査のあと、古代的な稲作の研究をしてそれなりに評価もされたんですが（安渓、一九七八）、一九七八年から八〇年にかけてアフリカに行く前と、帰ってからでは、かなり島の方々との人間関係も変わったような気がしました。

僕の妻なんかは、とくに日本の競争社会のストレスの中で、研究成果を人に取られたりして、やや人間不信に陥っていましたから、心の衣を脱いで深いところからくつろがせてくださったアフリカの森の人々とのつきあいのおかげで、「みんなちがってみんな変」という、文化人類学の一番大事な基本が身につきました。人間って捨てたものじゃないし、環境を破壊していくしかないと思っていた人類にも希望があると思える、前向き人間になって帰ってきたんです。つまり、自分の敷居が低くなったことで、島でもより深く受け入れていただけるようになったのかもしれません。

廃村の論文を書くためにいろいろとお世話になった方々のなかに、西表島の廃村の網取村のことを忘れられないという山田武男さんがおられました。アフリカに行く前に、大学ノートをお渡しして、行事の歌でも思い出される範囲で書いてみられたらどうでしょうか、とお勧めしたのですが、二年ぶりに石垣島を訪ねてみたら、すっかり書き留めてあり、ご自分がわからない歌については、女性たちを集めて録音テープに収録までなさっていました。そんな経過から、廃村の記録をまとめるお手伝いをすることになったのです。

そうして生まれたのが、山田武男著『わが故郷《シマ》アントゥリ』(山田、一九八六)です。その本ができるまでには、ともに目次を考えたり、古い原稿に朱を入れたり、図を書いたりしながら産婆役をお引き受けしたのですが、僕たちにとっては、内容的に大きなショックがありました。

それまでは、動物学教室の自然人類学研究室での、どちらかといえば理科系の研究ですから、具体的な物的証拠なしの、ただのお話だけでは論文になりません。ですから、山田武男さんにもお米の収量はいくらか、ごく具体的なことを一生懸命聞いていました。ところが、彼が書いては筆を折り、書きかけてはつまりしていた、風呂敷包み一杯の原稿の束を見て驚きました。網取村の神様の由来について、という記事が一〇種類ほども様々なバージョンで書かれていたからです。島びととして、どうしても記録に残したいことと、外から来る研究者としての僕の興味というのは、こんなにもずれていたのです。

それから二年以上かかって、編集を手伝い、励まし合いながら進めた本の出版まぎわに、山田武男さんは急逝されます。その知らせを受けて、無念さに僕は泣きました。それでも、山田武男さんの形見というか贈り物として、よそものの書いた論文よりも長い寿命をもつに違いない「話者が筆をとる」という営みが、ひとつの可能性として残されたのです。

ひとつのことをすると、次があるものです。山田武男さんの年上の従兄で、さらに古い廃村の崎山村出身の川平永美さんが、「私の村の記録も出してくれ」といって、八〇の手習いで書かれた原稿の束を持ってこられました。これは、聞き書きでふくらませて、川平永美述『崎山節のふるさと』(川平、一九九〇)として出版しました。

さらに、山田武男さんのお姉さんが八五歳のトーカキのお祝いを迎えられるので、一九年のおつきあいの中で聞いてきたお話を、山田雪子述『西表島に生きる——おばあちゃんの自然生活誌』というタイトルでまとめました(山田、一九九二)。でも、結婚・出産・子育てというこちらのライフステージの変化に合わせて、いろいろと話していただいたことを、一冊にまとめるとなると、どうしても前後のつじつまが合わないようなところが出てきます。それを短期間に確かめようとすると、それまでの雑談風にはいかず、つい、訊問調査のようになってしまいます。それは、話者であるおばあちゃんにも、編集をする僕たちにもかなり疲れる辛い仕事でした。

幸い、応援してくださる出版社があって、話者たちには金銭的な負担をかけず、編集にかかわった僕たちもお金を出さずにこれらの三冊の本を出版にこぎつけることができました。流通の関係で沖縄以外では入手が困難でしたが、おとなしい外見にもかかわらず、実は研究倫理の問題への意欲的な挑戦なのだと高く評価してくださる書評もありました(西村、一九九五)。

また、「研究成果の地元への還元」の可能性を巡る議論の結論の部分で、僕は、調査する側とされる側が一体となって記録をつくることを通して、この「する側」「される側」の問題は乗り越えうるのではないか、という期待を述べたこともありました。配布した資料に目を通しておいてください(安渓、一九九二b、本書第七章)。

しかし、廃村の記録を出している間はあまり目立ちませんでしたが、この路線には僕が予期していなかった落とし穴があったのです。

一九九〇年に「話者が筆をとる時――住民参加による民族誌作成の実践的研究」というタイトルで文部省の科学研究費という補助金を申請して、西表島の祖納と干立の二集落の記録を作ろうとしました。このプロジェクトは、略称を話者科研《わしゃかけん》といいます。つまり、知れば知るほど、よそ者として地域のことを書くことの責任の重さが痛感されるようになり、「わしゃ書けん。島の人が書いてよ。編集は手伝うから」という気持ちになっていた頃です。

ところが、同じ集落であっても伝承にはさまざまな流れがあり、それらが「みんな違ってみんな普通」というようには受け入れられないのだ、という事実に直面するようになります。干立村は、明治中頃に西表島にやってきた弘前藩士・笹森儀助が、その著作『南島探験』(笹森、一九八二)の中で、将来廃村になるだろうと予言した一八ヵ村のうち、唯一予言が外れた幸せな例外の村です。その主な秘密は、外部からの移民を受け入れたことにあったのですが、僕が注目していっしょに郷土史を作ろうとした話者は、廃村からの移民として蔑まれたという過去の過ちを、今日では自分だけが伝承している「正統な伝承」を記録に残すことで正そうという考えにもとづいて、原稿を作っておられました。

その筆は、ともすると現在流布している俗流の伝承の批判という形をとります。ところが、そうした少数派の伝承は、それまであまり知られていませんから、それが軋轢を引き起こすことになったのです。

干立・祖納のシチという大きな祭が、国指定の無形民俗文化財に指定されたのを受けて、公式の記録を作ることになったとき、編集委員の一人としてチームに加わった僕は、話者科研プロジェクトの中で編集のためにあずかっていた、少数派の伝承のコピーをとりあえず参考のために提出しておきました。その中に、祭の歌の歌詞の訂正にあたる部分があったことから、何が正統かという激しい議論が巻きおこったのです。

とうとう、僕は、その問題をめぐる公民館の臨時総会に呼び出されて、どちらの伝承が正しいのかについての意見を求められるはめになったのです。つるし上げにあった形でしどろもどろの僕は、祭の歌のひとこともないがしろにしない、という島びとたちの伝承にかける思いの深さに圧倒されればおしでした。結局、一切の変更を認めず、祭では昨年まで通りに歌い、歌っている通りに記録集を作製するという方針が確認されて、総会は解散しました。

この経験から、ある地域での伝承をなんらかの形で公開することを外部から応援する時、その社会にいつもは隠れていた複数の伝承をもつ人々の間の主導権争いのようなものが、一挙に噴き出すことがある、ということに気づかされました。つまり、「話者が筆をとる」という一見中立で、無害そうなとりくみも、出版やインターネットといった公表への機会が万人に平等には得られない現状では、外部の援助者につながることを通した特権獲得へ向けた権力闘争といった様相を呈することがある、という教訓を得たのでした。

これは、言い残したことですが、僕がある聞き書きを作った結果、非常に気をつけていたにもかかわらず、プライバシーや著作権がからんで、某有名作家との一〇年を越える死闘を繰り広げることになりました。その経緯についての資料をインターネットの僕のウェブサイトの「研究」のページに載せています。暇をみて読んで面白いと思ったら小レポートを書いてみてください（インターネットが見られない人は、安渓、二〇〇二bを参照)。

三　ヤマネコ印西表安心米の冒険

今日は、僕が「学者」というか研究者をやめて、西表島の無農薬米の商売のボランティア営業部長をするはめになった時の話です。

僕は、国際文化会館の奨学金「新渡戸フェローシップ」をいただいて、一九八六年から八八年にかけて一年半ほど、家族といっしょにパリに暮らしていました。研究と交流の毎日で、たいへん充実していたのですが、思い立って西表島の石垣金星さんをパリに招きました。

久しぶりに金星さんと会って話してみると、西表島では「本土並み稲作」の徹底と称して、カメムシ防除のための農薬散布が強制され、人もヤマネコも大変なことになるのではないか、という心配（安渓、一九八六b）があたって、人々は出口のない農薬農業の泥沼にはまりそうだというのです。これはなんとかしなければならないだろう、というので、一九八八年一〇月に帰国してすぐの一一月末に、西表島で現地シンポジウムをすることにして準備を開始しました。幸い日本生命財団が助成金をくれて、実現のはこびとなるのですが、主催は、石垣金星さんが代表の「西表をほりおこす会」にお願いしたので、金星さんはたいへんに張り切って、地域の人達を中心に二〇〇名を集めて、地元婦人会の協力で踊りやお昼ごはんも出すという一大イベントになりました。

そこで基調講演をした僕は、西表島の稲作の歴史を見ると、それは南の島々に連なるものであり、大正末から昭和の始めにかけての蓬萊米《ほうらいまい》と言われた水稲内地種の導入も台湾経由だったことを強調しました。つまり、北から直接もたらされる技術、具体的には五〇〇キロも離れた沖縄島の名護試験場で試された技術は、西表島に適合したことがないのではないか、ということを様々な事例を挙げて問いかけ、無農薬米として産直するならば充分な収入の道が開けるはずだと訴えました（安渓、一九八九）。その後は、國分直一先生をはじめとする研究者や地域での活動をされている方々による多角的なお話を通して島の方々への励ましと学びの場となったのです。

さあ、発言したことには責任が伴いますから、僕は、県民生協という那覇にある組織の代表で、著名な地理学者であった仲松弥秀《やしゅう》先生に手紙を書きました。西表島には、その自然と共存する稲作の長い伝統があり、それを生かした無農薬米の生産と産直が可能なこと。県民にそのすばらしいお米を届けるために、まずは、現地を見てほしいことなど、長いラブレターになりました。

生協は容易に腰をあげませんでしたが、僕の書いた手紙がまわりまわって、沖縄のある経営者の手に入って、その人が興味をもちました。そして西表に現れて、みなさんのお米は良い値段で全量買い取るから安心して自分たちの精米所を建てるように、その借金は、お米の支払いの中から一〇年がかりぐらいで返してもらえばいいから、というような話をしたのだそうです。

純真な島の人達は、すっかりその人の話を信用してりっぱな倉庫を建て、精米の設備を購入することにしました。ところが、この経営者は、西表島の帰りに、当時お米の流通を管理していた那覇の食糧事務所にあいさつに行ってこんな演説をしたというのです。

「こんど、私は商売替えをして、西表島の無農薬米を扱うことにした。沖縄では消費量の三日分の米しか生産されていないのに、これだけの数の役人が必要だろうか。あんた達は税金泥棒だよ」

こんなことを言われたら、誰だって怒ります。「あいつの扱う米については、絶対に認可しない」と、現場のお役人たちが決心したというのも無理からぬところかもしれません。

そんなこととは知らない僕が、翌一九八九年の七月に西表島を訪ねてみたら、材料費だけで六〇〇万円というりっぱな倉庫がすでにあらまし建っていて、島の西部のお米の生産量の半分くらいを集める約束もできていました。

新しく始まった特別栽培米の制度の勉強会をしたり、減農薬のための虫見板を開発した北九州の宇根豊さんを招いたり、さまざまな取り組みも始めました。

ところが、特別栽培米の許可がなかなか下りないのです。その訳はさっき言ったことにあったのですが、扱い量が減った農協からの攻撃も当然ありました。例えば、農協の借金が残っている農機具を没収していくとか、お米の検査所を陸路で五〇キロも離れた島の東部に移すといった具合です。

こうして、許可がおりないまま西表島に台風が近づいてきました。もし倉庫が飛ばされて集めたお米が濡れでもしたら大変なことになります。苦渋の決断で、米を那覇に送ることにしました。いわゆる自由米、昔風に言えばヤミ米の道です。船が出るところから農協、役所、食糧事務所の監視つきです。まだ携帯電話のないころですから、トランシーバーで「西表島の不正規流通米は、ただいま那覇港に到着しました。どうぞ」といった具合です。

そうなると、昼間に倉庫から出すことができません。夜を待って引っ張り出して、夜のうちに精米をして、無印で売るという苦しい取り組みです。お米商売に不慣れなさきほどの経営者さんたちの努力にもかかわらず、六〇トンものお米です、なかなかさばけません。

那覇の経営者さんに支払いを求めますが、「明日には振り込みます」と言うばかりで、工面ができないようです。お金は入らないのに、倉庫の建築材料の購入先のいろいろな会社からは、支払いを求める矢の催促がきます。米は出したのに一銭も入らない島の人が、青い顔をして「あれ、どうなってるかなあ」と聞きにきます。金星さんと僕は、笑顔をつくって「すべて順調に行っています。あさってぐらいにはお金は入ると思います」と言い続けるしかありません。胃がきりきりと痛みだしますが、どうしようもありません。もうすっかり気分は詐欺師なんですが、逃げられません。
そうこうするうちに、アタッシュケースに現金を詰め込んだ人物が西表に現れました。全量引き取ってくれるというのです。那覇の倉庫の扉を開けるように電話で連絡さえしてくれれば、全国ネットに載せて有利に売ってあげるというのです。ところが、支払いの条件が「翌月末払いの手形」だというので、持ち逃げを恐れて僕はあちこち電話をしました。すると、あるお役人が立場を越えて重要な助言をしてくれました。「自由米の鉄則は、即金ですよ。つまり、トラックに米を積んだら代金を現金で受け取って、あとは腐れなしというのがルールです。手形で払うなんていうのは、自由米業者じゃなくて詐欺師ですよ。そんなものに引っかからないように、正しいヤミ米道を歩んでください！」この助言のおかげで救われたんです。その後しばらくして「正しい」自由米業者と出会って、なんとかそれなりの値段で買ってもらうことができたのでした。

翌年以降の道を開くために、ひとりの農民のお米二トンほどだけを特別栽培米として認可してもらうことを目標にして、最後のふんばりを続けました。那覇の食糧事務所からの、認可を決断するための最後の確認のための電話でのきびしい質問に、こちらの「よい子」の農民が答えていきます。

「じゃあ、あなたのお米は一粒も不正規流通米として那覇には行っていないんですね？」という問いかけに、「よい子」がまじめくさって答えます。

「いやあ、その人たちと同じ精米機をつかっていますので、僕の米も二〇粒ぐらいは混じって那覇に行っているかもしれないですね……」

電話の周りをとりかこんで固唾をのんで耳をすましていたヤミ米組は、口を押さえて笑い転げました。

一九九〇年五月の第二六回日本民族学会の研究大会で、研究者のモラルについてのシンポジウムをするので、参加して話をしないかという誘いが祖父江孝男先生からありました。「いま私は、西表島のお米の宣伝しかできません」とお断りしようとしたところ、「いや、それで結構です」ということでした。パネラーとして安心米物語を映像入りで紹介して、購入をよびかけたところ、それを引き取って、座長の祖父江先生は「西表安心米は、私もいただいておりますけれども、新潟のお米と比べてもたいへんにおいしいお米かと存じます」というありがたいコメントをしてくださいました。

そのあと、フロアからするどい質問が出たんです。「地域のためによかれと思ってやったことがもしも失敗したら、その場合の研究者の責任というのはどのようになりますか」という一般論としての質問でした。

僕は、「ああ、この方は過去に何かこの手のことで痛い目に合われたことがあるのだろうな」と思いました。一般論として答えるならば、地元におまかせして、研究者は介入じみたことを何もしないのが一番です。でも、僕は、すでに大幅に介入してしまっていましたし、西表島のお米の宣伝を第一の目的としてこの学会にも出席したのです。質問するだけの興味を持ってくださるならぜひお米を買って僕らが責任を果たす応援をして欲しい。そんな思いをこめて以下のように答えました。

「自分が第二のふるさとと思っている地域の危機的な状況を目の当たりにして、こんな時に自分が師と思う人たちならどのように行動しただろうか――例えば、伊谷純一郎（タンザニアに国立公園を創る）、川喜田二郎（ネパールの村おこし）、宮本常一（離島振興法の策定）、國分直一（綾羅木郷遺跡を守る）のような人達とその方々のフィールドでの取り組みを思い浮かべましたが、川喜田先生が真ん前でかぶりつきで聞いておられたので、名前は出しませんでした――そのことをよくよく考えた上で決断して、幸い家族にも応援してもらって取り組んでいます。去年はご心配のように、ひょっとしたら首を吊るしかないかもしれないという綱渡りの状況もありましたが、今は、全国の皆様に食べていただけるところにこぎつけました。ですから、S

先生もどうぞご安心の上、五キロでも一〇キロでもお申し込みくださいませ……」

宣伝費がない安心米のために、一見学術的エッセー、実はコマーシャルというものをあれこれ書きました。そのひとつを資料としてお目にかけておきます（安渓、一九九二a）。何かご質問はありませんか。

――（学生）一度そのヤマネコ印西表安心米を食べてみたいのですが。

まあ、ありがとうございます！　白米の試食ならお勧めは日本一早い新米の七月です。玄米の年間契約なら一年中おいしいです。来週申込書をもってきましょう。電話での問い合わせは、〇九八〇・八五・六三〇二の那良伊《ならい》さんにお願いします。

今日お話したのは、ヤマネコ印西表安心米が、たくさんの消費者や支援者に助けられ、一五年ほどかかってすべての借金を返し終わるまでには、こんな冒険もあった、という物語のさわりの部分でした。

そんな中で、僕は「あんたは、本当は島のために研究してきてたんだねえ」という過分の言葉もいただきましたが、農協の参事からは「西表のガン」という名誉称号をたまわりました。地域の課題に深入りしすぎて、それまでのなるべくみんなと仲良くしてまんべんなく話を聞き出す、という調査スタイルを捨てざるを得なくなったわけです。

まだ語ることを許されない部分も多いのですが、この西表安心米物語は、小説として書いて映画化してみたいというのが、今の僕の野望です。

四　祭りのなかで――取材コードをつくる

こんどは、西表島の祭の記録作りを町から依頼されて、年に六回も島に通っていた一九九五年ごろのお話です。記録をとるかたわら、祭のいろいろな場面の裏方を積極的に引き受けました。妻の貴子は料理づくり、僕は例えば爬竜船《はりゅうせん》のペンキの塗り直しなどの仕事です。下手だと叱られるのを覚悟でやってみるのですが、これを人類学業界では「参与観察」と呼んでいます。

祭の料理の記録や写真などは、一九七〇年代から取り始めています。また安心米以来、一部の人からは親戚扱いを受けているので、いろいろなことをまかされるようになってもいます。そうした中で、祭についてまだまだ知らないことも多いはずなのに、いろいろな局面で助言を求められたり、裏方をまかされたりする場面も増えてきます。本番が終わったあとの慰労会に招かれて、そこで「干立村の下男下女のアンケイさんです」と紹介されました。さすがに、「口は悪いけれど、心はもっと汚いぞ」と自称する人達ですね。

しかし、それにしても、フィールド・ワーカーが集めた資料が、地域の行事のお手本になっていいものでしょうか。この問いかけは、以前からなされているものですけれど（例えば、本書一〇七頁）、過疎で伝承者が減っている現状では、いい悪いを考える以前に、できるだけの協力をするしかないという局面もあると言わざるをえません。

ところで、有名なお祭ですから、カメラをもった取材陣が次々に訪れます。僕が船のペンキを塗っているところにきた人たちは、僕のことを村人と思って写真を撮り、祭についていろいろ尋ねてきます。他のみんなが忙しいようなので、僕は聞かれるままに答えていました。初歩的な質問が多いので、僕でも充分答えられるのですが、調査される側の気分がようやく少しはわかってきたというのが収穫です。ただ、僕の写真をとっていた写真家には、あとで手紙を書いて僕が村人ではないことを説明し、写真集に僕の写真を入れることはお断りさせていただき、了解の返事をもらいました。

西表島には、豊年祭やシチといった何日もかかるような大きな祭りがあります。無形文化財に指定されたりする中で、しだいに人気が高まり、取材も年々ふえてきます。ところが、取材のカメラマンの中には自分が良い写真を撮ることしか念頭にない人もいて、例えば、輪になって踊っているその中に入って写真やビデオを撮るということをしても平気な人もいるのです。祭の中で神前の奉納芸を歌い踊っている地元の人達には、そういう非常識な取材陣をたしなめたりする余裕がありませんし、所作が厳格に決まっているなかで、それ以外の動きをすることも許されていないのです。

しかし、例えば八重山には、関係者以外には公開しない部分を多くもつ祭があります。そんな村では、部外者の立ち入りを禁止、または制限する場所への入り口には、杖をもった監視役が立っています。なんとか、それに近い方法で心ない取材者をお断りすることはできないものでしょうか。

取材者へのコードというか約束事を作って、それを了解した取材陣だけに取材を制限することができないかと考えました。祖納と干立の公民館の幹部と話し合って、僕が原案を作りました。実際には、それぞれの公民館の実情に合わせて若干手直しされ、祭の前の臨時総会でそれぞれ可決されて実施に移されたのですが、実施にあたっての監視役を、積極的に引き受けてくれる人もいて、手がたりない所は僕が地元住民のふりをして監視役を引き受けました。祈りの時に、取材陣がテレビカメラを膝において、ともに手を合わせる姿は、それまでには見られない新鮮なものでした。

僕が書いた原案を以下に示しておきます。誓約書をもらう形式にしました。地元の新聞には、厳しすぎるというコメントが載りましたが、地元にはおおむね好評でした。

写真・ビデオなどの取材を希望される方へのお願い

西表島のお祭に参加してくださり、まことにありがとうございます。

西表島の祭は、ゆたかな自然への感謝をささげ、さまざまな祈願をこめた芸能を神々に奉納するために、住民あげて取り組んでいるものです。近年、写真・ビデオなどの取材を希望される方が増え、中には祭の進行にさまたげになる取材の方法をとられる方もないわけではありません。そこで、当公民館では、臨時総会の決定により、取材は以下の点を了解していただける方だけに限らせていただくことになりました。御協力をよろしくお願い申し上げます。

一、撮影許可の腕章と公民館のリボンを！

以下の四点の「お願い」を了解される方は、ご住所・電話番号とお名前を書いて、当公民館の取材許可の腕章を付けて下さい。また、当公民館のリボンを付けた方には、折り詰めと飲み物のサービスがございます。こちらの方も、〇千円以上のお志をいただきますよう、お願いを申し上げております。なお、色の違う取材陣の腕章は、地元のマスコミなど当公民館からの事前の依頼による場合に使用しています。したがって、腕章のない方が、観光客のスナップ以上の取材をされることがないよう、お互いに気をつけてくださるようにお願い申し上げます。

二、ともに祈りをささげてください

白い着物の女性たちは、神司《かみつかさ》といって、祭の間は神様へ祈願する大切な役割を果たしておられます。神司の目の前を横切るなどの失礼のないように十分気を付けてください。神司たちの祈りの場面の撮影は御遠慮ください。できれば、ともに手を合せてくださるようにお願いいたします。

三、立ち入り禁止区域を守ってください

あまり接近されますと、気が散って長い練習を重ねた芸能の奉納に専念できません。特に、巻踊りの輪の中に立ち入ったり、芸能のおこなわれている海側にまわったりなさらないように配慮してください。取材陣どうし互いに邪魔にならないようになさってください。詳しくは当日掲示する立ち入り禁止区域を守り、公民館役員の指示に従ってください。

四、印刷・公表を希望される時は、当公民館あてに事前に知らせてください

あなたが、祭で撮影された映像は、公民館に無断で印刷・公表・放映することはできません。必ず事前に文書による許可を求めてください。祭の進行のさまたげになる取材方法であった場合には、公表を許可することはできません。また、これはお願いするまでもないことでしょうが、公表された場合には、その成果を当公民館あてにお送りください。

取材許可腕章No.

○○公民館長殿　年　月　日

私は神事としての西表島の祭の趣旨を理解したうえ、

一、取材許可の腕章を付ける、

二、ともに祈りをささげる、

三、立ち入り禁止区域を守る、

四、公表の前に許可を求める、

の条件のもとに、取材することをお約束します。

住所

電話・ファックス

あれば所属

署名

それでは、今日の宿題は、祭の運営が学生ボランティアなしには難しくなっていることを紹介した「島は誰のもの――ヤマネコの島からの問いかけ」(安渓、一九九五b)という記事を読むことです。毎年のように通っている学生たちが、地元の人から「来てくれて助かったさあ、でも来年は来んでもいいからね」と言われたりする衝撃というのがあったりする、と東京で「西表のおまつり人材派遣業」をしている大学教員の竹尾茂樹先生が話しておられました(安渓、二〇〇四a、八八頁)。

五　地元民になる道

一九九〇年のアフリカ訪問は、僕にとっては大きなショックでした。民主化熱に取り憑かれたと後に言われるようになる変化がコンゴ民主共和国に起こるのは、一九九二年頃のことですが、すでにその予感は少なくとも首都のキンシャサでは感じられました。

実は、僕はアフリカで養子にしてもらったのですが(本書第一〇章)、僕の姉さんが嫁に行った村の中で一番の元気印だった、たくさんの即興の歌をうたってくれた若嫁さんが、僕が村を離れた二日後に赤痢(その時は、コレラだとみんな言っていました)で亡くなってしまうのです。二一歳の若さで、二人の子どもを残して。その葬式をしたい、みんなで集まって何か食べたいから、その費用を援助してくれ、と水辺の村の村長（姉のお婿さんにあたります）に言われたとき、研究者としての一線を踏み越えて、村が廃村から立ち直るための援助をあれこれ試みてきた僕は、打ちのめされました。骨身を惜しまず、気働きがあって、茶目っ気と才気あふれる彼女がいてくれれば、村はきっと立ち直れるだろうという感触を、僕はひそかに持っていたからです。そして、流行病をひろげるような葬式にしないために僕に何ができるのでしょう。森の奥の村でも基本的な保健衛生の状況が悪化していることは否定できなかったのです。まだ、ルワンダでの虐殺やコンゴ内戦は始まっていませんでしたが、僕にとっては、地域社会の衝撃的な崩壊の予兆がすでに感じられたのです。

僕は、この時の旅の結果を四冊のノートに記していますが、手にとるのがなんだか苦しくて、これまでに発表したのは若嫁が創作したあてこすり歌についてだけです（安渓、一九九九など）。僕は、フィールド・ノートの最後のところに書き付けています。「これまでは『アフリカは元気です。都会にはいろいろ問題があっても、少なくともアフリカの田舎は元気ですよ』と自分や学生たちをだまし続けてきたけれど、世界が丸ごと病気なのに、アフリカの田舎だけが元気なわけがなかった……」

いま世界中にある環境破壊、貧困や内戦を通した地域の崩壊を引き起こす主な原因は、あらためて指摘されるまでもなく先進国の側にあります。そして、学生たちも気づいているように、日本人の暮らしこそは、その元凶のひとつといっても差し支えないと思われます（安渓、一九九八）。僕は、「こんなアフリカの田舎の状況を変えるための最先端の現場は、自分が暮らす日本なんだ。そこで希望を見つけないかぎり、恥ずかしくてもうアフリカには戻れない」と思いながら後ろ髪を引かれる思いで飛行機に乗りました。日本への帰路に寄ったパリでも、アフリカ研究センターの友人が、「近頃アフリカ研究に対する幻滅みたいなものが広まっていて、フランスの田舎研究とかがはやっているのよ」と話してくれました。

それから僕がもう一度アフリカに行ってもいいかな、と思えるようになるまでに七年、実際に家族とともに戻って、再び「アフリカは元気です」と自信をもって言えるようになるまでに八年の年月がかかりました。子育てのために行かなかった妻の貴子にとっては、実に一八年ぶりでした。その間に何をしていたのかをお話しして、この講義のしめくくりにしたいと思います。それは、土着化症候群とでもいいましょうか

——土着と簡潔にいう人もありますが——それがどんどんエスカレートしていくという物語です。

まず、小さな畑を作りはじめました。きっかけは、『ポストハーベスト農薬汚染』というビデオ（小若順一編、学陽書房）を見て、妻がスーパーで何も買えなくなるほど深いショックを受けたことでした。中国の革命家の孫文の言葉を借りれば「知るは難く行うは易し」ということです。ほんとうに難しいのは、知ることです。体が動かないのは、頭でしかわかっていないからです。心から納得すれば自然に行動にあらわれるはずです。このポストハーベストの問題を自力で解決するには、自分で納得のいく作物を自給するしかないと気づいたのです。畑を始めるにあたって、家の前の空き地を借りられたのは幸いでした。近所のおばあさまが、鍬のふり方から実地に教えてくださいました。一九九一年春のことでした。

一九九三年には、鳥取県の大山《だいせん》のふもとの三〇戸ほどの村で一年間をすごして、初めての稲作に挑戦しました。

——（学生）田んぼを作ることを決断された理由は何だったんですか。

実は、西表なんですよ。僕たちが「西表安心米」を応援したのは、西表の人と自然を守りたいという動機がもとでしたけれど、西表で玄米を食べ始めて、自分もあのおいしい完全無農薬米を食べて健康になりたいという強い個人的動機もありました。ところが、注文が殺到したりすると品薄になりますよね。その時に、

西表の生産者から「ウトゥザマリ（親戚）扱い」を受けました。つまり、親戚ならいろいろ面倒な説明をしないでいいので、うちには米を回さないということにされたんです。すると、僕は宣伝部長として安心米の宣伝のためにこき使われていたわけですけれど、もしその努力がみのって注文がたくさんくると、自分では安心米が食べられなくなる……。これは援助にともなう構造的な矛盾です。それを解消する方法としては、西表安心米の鉄の鎖から自分を解放するしかない、と気づきました。具体的には、自分が暮らす山口で自分が安心米を作るというのがそのひとつの方法です。その準備として鳥取の津野幸人さん（当時鳥取大の農学部長）のところで一年間田舎暮らしの修行をしたわけです。それ以来、週末農業だけで家族の食べる完全無農薬・無除草剤の米が自給でき、幸せなことに日本ではお米を買ったことはありません（安渓・安渓、一九九七）。

一九九七年には、山口市の三〇軒ばかりの山村に土地を求めて県産材の産直で家を建て、自分の里山の手入れをしながらそこから出てくる木で風呂と暖房をするという暮らしに入りました（安渓編、二〇〇四b）。

この過程を通して、僕が遅まきながらアフリカの村で気づいた、現在の日本の生活にひそむ病根に向き合うための足下がいちおう定まったと感じました。そもそも、日本の豊かさは、世界中から毎年八億トンもの資源を輸入し、それを加工して一億トン弱の製品として輸出することで培われてきましたが、その結果として行き所のないゴミと排気ガスを生みだしています（渡部、一九九五、七〇頁）。このようでない、地域の物質循環の中でまかなえる暮らしを自分の足下でイメージすることができてはじめて、アフリカの問題にも正面から向き合える心の準備ができたのです。

そこで、一九九八年のナイロビでの四か月の暮らしを皮切りに、アフリカに再び通うようになるのですが、危機に瀕する森での地元主導のエコツーリズムと森林保全を国を越えた民際交流によって活性化するという課題に向かうことになりました。この報告は僕のウェブサイトに英語で載せていますけれど、詳しくは別の講義で扱うことにしたいと思います。

Ⅲ　まとめ――種をまくことは誰にもできる

以上、長々と語ってきたのは、フィールド・ワーク初心者だった僕と妻が、さまざまな失敗を重ねながらも、地域の人々との息の長いつきあいを重ねる中で、しだいにその地域の物語の登場人物になってくる、という経験でした。

その中で、たくさんのものを得ましたが、また失ったものも少なくありません。誰からも話をきけるという関係を失ったのは、一時的なことでしたが、西表安心米運動という真剣勝負のあと、老後は別荘気分で西表島に、という僕たちのかつての夢はあとかたなく消えてしまいました。島の人達とそんな淡いつきあいが成立する余地がなくなってしまったからです。そのほかにも、あたりまえの研究者であるという評価はとっくになくしました。最近も、西表でのリゾート建設に異議を申し立てる動きに協力して（馬場・安渓、二〇〇四）大きなプロジェクトから外されました。研究報告をまとめた西表論文集（安渓、二〇〇七）の作製が何年も遅れたのは、それが僕にとって最優先の課題とは思えなくなっていることによっています。

誤解のないように申し上げておきますが、僕は決して「地域との濃いかかわり」を手放しで勧めるものではありません。「フィールド・ワークのススメ」というより、どちらかというと黄信号の「トマレ」です。お互だって、フィールドでの濃いかかわりは、往々にして生涯をかけたものになります（石垣、二〇二三）。お互いに相手の人生の物語の一部になるかもしれないという重い選択なのです。でも、誰しも体はひとつしかないし、人生は一回きり。とても、それだけの責任がとれない場合があることをよく自覚して、簡単には「濃いかかわり」の側に踏み切らないぞ、と自分に言い聞かせておくぐらいでちょうどいいのです。そうやって「学問と地域への正直さのバランス」をとる努力をしてほしいというのが、これから西表島のような濃い関わりを余儀なくされる場所でのフィールド・ワークをめざすかもしれないあなたへの助言です。その時に、墜落寸前という事態も何度かあった、僕らのあやうい冒険談のいくつかの場面を思い起こしてもらえれば、と願ってこんなお話をさせてもらいました。

よかれと思い、細心の注意を払って聞き書きを発表したことに端を発した、有名作家による盗作事件に係わって、僕たちがもらった被害者の悲しみの言葉（安渓、一九九二c）を書き付けて、自分へのいましめとしたいと思います。

「種をまくことは誰にもできる。大変なのは草取りと収穫。そして一番難しいのは、耕されて荒れた土をもとに戻すこと」

告示
是より内に出入り
して神池の鴨を
驚かす事を固
く禁じます
宝満神社
狩猟会一同

上＝種子島のロケット発射場近くの神池
下＝立て札（2002年）

種子島にて

一九八五年春。屋久島が真正面に見える南種子の西海地区をひとり雨に降られながら歩いて海辺の村・下立石の長老のひとり、立石助也さんを訪ねた。おじいちゃんは、屋久島との交流や物々交換のことを尋ねる私に、「まあ、そうあせらずに」とばかりに、ゆるゆると言葉を選んで語りかけられる。そのひとつひとつに深い味わいがあって、今でも時々は、あのゆったりとした語り口を、自分の舌の上でころがして楽しんでみることがある。

しかし、出会いの言葉はなかなか強烈だった。

安渓「こんにちは。このあたりでの昔からの生活のようすや、南種子でも屋久島に一番近い場所ということで、屋久島との交流のことなどをうかがいたいのですが……」

立石「あのなあ、昔のことを聞きたいというて、たくさんの人が来られますが、費用も時間もかけて、そんなことをこんな年寄りに聞いてみても何かのたしになるかどうか。私はいつも心配になるんですよ。その時間とお金でご自分の生活を助けることを考えられた方が良いんじゃないでしょうか」

わたしはこの言葉にしばし絶句した。しかし、「はい」と答えれば、すぐに帰られなければならない。そこで、気をとりなおして次のように答えてみた。

安渓「ご助言、どうもありがとうございます。今、日本の田舎は、元気というか活力を失っているところが多いと思います。それは、お金と仕事を求めて、若者が都会に行ってしまったからではないでしょうか。お金の魅力というのは、世界中どこへ行っても大きなものですが、私がしばらく過ごしていたアフリカの田舎でもそれは同じことでした。でも、昔からの物々交換の市場をもっている村々では、うまく智恵を働かせて、漁民と農耕民が手をつないで、お金にたよらない関係をつくり上げるのに成功しているのを、私は見たんです。これからの日本のためにも、そうした智恵を掘り起こしていくことはとても大切だと思っています。ここに、私がそういうことを書いた文章がありますから、よろしければごらんください」

……物々交換市ではけんかや盗みなどはめったに起こらない。毎回百人ほど集まる参加者はほとんどが顔見知りで、現金取引の市にはない親しみを帯びた雰囲気と活気が市全体にあふれている。……伝統的な物々交換市を今日まで残してきた民族であるソンゴーラのような社会は、アフリカでも例外に属するだろう。しかし、経済活動のすべてがお金によって左右されることがないよう、現金使用を組織的に制限する物々交換市の制度を作りあげたソンゴーラの智恵にわれわれは多くを学ぶことができると思う。

立石「ああ、こういうものを貰えるとありがたいですなあ。これがあれば、夜もたいくつせずに、読んでクスクスとよく寝られます」

しかし、これですぐにお話しが聞けたわけではなかった。次は方言が通じるかというご心配である。

立石「わたしは、兵隊の時に鹿児島へ出て、島外の人と触れ合ったばかりで、それ以外にはほとんど島の中ばかりで過ごしてきました。

ですから、人の質問なんかに答えて、向こう様に一応お答えしてからこう考えることがあります。お客さんが帰られたあとから、『しかし、オイが――わたしのことをオイといいますから――オイがいうたことがあの人にはわかっただろうか』、とこういうことを考えます。若い間は、四〇歳ぐらいまではそういうことを思わなかったですけれど、もう、五〇に近くなってからは、いつでもそういうことを考えるようになりましたがなあ（笑い）。こちらとしては善意に話したのに、向こう様が何か悪意に受けはせんかっただろうか、と。

でも、八五、六歳にもなってみれば、そんなことばかりじゃナカモンナア。もう今さらなおそうというても、本当の話が、舌は曲らずなあ、種子島の言葉をなおすこともできず、あきらめています。語る言葉もはっきり種子島のことばを丸出しで、そのまましか語れませんです。そいでも、なにかしら、鹿児島県内の方ならたいがい判ってくれるようですなあ。しかし、あなたたちのような他県の人とはなあ、『あのことは、どんなに言うたじゃろうかい』とか、いつも考えますわ。」

これは、島の方言まじりでしゃべって、よその人に本当に通じるだろうかという話し手の心配だが、優しい言葉のようでもありながら、同時に、フィールド・ワーカーの力量を問うておられるとも言える。

在来稲の品種名調査で八重山の島々を回ったときには、小浜島で、方言力試験を受けたことがある。いくら教えてあげても、方言を正しく聞き取れず、発音もできない調査者には、きちんとした報告ができるはずがなく、かえって間違いを広めるもとになるから、というのであった。

小浜島の方言で「黄色い」という単語を発音してみるという試験であったが、幸い五分ぐらいで合格となって、稲の品種名も教えていただけた。小浜島方言には「イ」の中舌の母音を含む六つの母音音素があり、またkの音とsの音を同時に出す複雑な子音があるという知識だけではとうてい乗り越えられないハードルであった。

屋久島からの手紙

第二章に書いたように、激しく叱られたショックの中から、これまでの「聞き手が聞きたいことを聞き出して、論文にする」というスタイルとは別に、聞いた言葉をなるべく生の形で残すのが先だろうと考えるようになった。縁あって屋久島の季刊雑誌『生命の島』(http://www8.ocn.ne.jp/~seimei391)に聞き書きを連載させてもらうようにもなった。

この連載を通して、私と妻の貴子は、論文であれ、エッセーであれ、できるかぎり話し手か、その御遺族に見ていただくというステップを欠かさないように努力している。もちろん、手紙を出してもうまく届くとは限らない地域が、この星の上にはいくらもあることは承知しているのだが。

屋久島の雑誌への連載の中で、あるおじいちゃんの語りを収録しようと考えたことがある。簡単な骨格だけの原稿をつくり、お宅に届けた。初めてお会いしてから七年の年月が流れ、残念なことにおじいちゃんは、寝たきりになっておられて、お会いすることがかなわなかった。

その後、おじいちゃんは亡くなられてしまわれたのだが、短い前書きと後書きを添え、聞き書きの本文も雑誌に載せられる形に整えた原稿二部を、返信用封筒を同封して御遺族にお送りし、添削をお願いした。

しばらくたって届けられた手紙には、おおよそ次のようなことが書かれていた。……じいちゃんのことを書いてもらって、家族一同たいへんになつかしく、またうれしく思っていること。ただ、あなたにお会いした時、すでにじいちゃんは自分のしたことと息子がしたことの区別がつきにくくなっていたふしがあるので、家族が集まって相談した結果、赤で印を付けた所だけは公表しないでいただきたい……。

なるほどな、いやあ、事前に見せてよかった、よかった。どれどれ、どこに赤がついているのかな、と返送されてきた原稿を見た私は、いずれもごく短い「はじめに」と「おじいちゃんのご冥福をお祈りします」という内容の「おわりに」以外の本文のすべての行が赤で消されているのを発見したのであった。

私が、お礼状をしたため、連載の予定を別のものに差し替えたことはいうまでもない。なるほどな、事前に見てもらって本当によかった、よかった。無断で出していれば、おじいちゃんの家族だけでなく、雑誌そのものにも大きな迷惑をかけるところだったからである。

コンゴの森の市場で、イモと干魚の物々交換（1980年）

鳥取県の大山のふもとの海辺の村で暮していた一九九三年、北九州水巻町にある「アイヌ民族とともに生きるシサムの会」の木戸宏さんから隠岐の知夫里島《ちぶりじま》へ一緒に行かないかという声がかかった。喜んでごいっしょすることにした。実は、この年の春に読んだ本に、次のようなことが書いてあって、隠岐の知夫里島へ行ってみたい、と思っていたところだったのである。

ＮＨＫ総合テレビの早朝番組に「新しい農村」というのがありました。ある日、なにげなくみていたら島根県隠岐郡知夫村（知夫島《ママ》＝一島一村の村）の老人たちの生活が放映されていました。実は、この村に数年前に講演に行ったことがありますので、なつかしく見ていました。

テレビの内容は、老人たちが野菜づくりや沿岸漁業をしていて、早朝に、それぞれの収穫をもちよって物々交換をしているところでした。ナレーションでは、この七〇歳から八〇歳という高齢の老人たちは、関西や北九州で定年退職し、故郷のこの村に帰ってきた人たちで、農業や漁業で働くことで、健康になり、いきいきしているという説明でした（内田、一九九三）。

アフリカの森の中で、合計二年ほど過ごしたことがある私は、そこで出会った物々交換の市場というのに魅力を感じて、日本でもそんな取り組みがあれば見たいものだと常々思っていた。川辺の民と森の民が魚と農産物を物々交換しあう。どんなにインフレがひどくても、レートを変える必要がないから、お年寄りでもとまどうことがない。また、商人が買い占めにきても、物々交換の市でなら拒否できる。日本での地域興しのアイデアとしても面白いかもしれない……。実際、不況のなかで、企業の抱える在庫商品を減らすための企業相互の物々交換を仲介するという新事業が熱い注目を集めていた（『日本経済新聞』一九九三年一二月六日朝刊一三版一面のトップ記事から)。

意気込んで物々交換のことを尋ねる私に、島の人々はやさしく答えてくださるのだが、どの方も「?」という反応だ。九四歳になられたおじいさんにうかがっても、「それは、私らより一世代前のことではないでしょうか」という返事だった。

真相がわかるまでに丸三日を要した。実は、テレビ局のやらせ番組だったのだ。

もともと気心の知れた田舎のこと、魚を捕って余ったら、「食べなさい」といって同じ村の人たちに魚がまわってくる。野菜だって同じことだ。しかし、組織だった物々交換という形の活動ではなかった。番組制作者は、それではいい映像にならないと思ったのだろう、というのである。

ある主婦は、畑から一輪車に積んだ野菜を浜に持って行くという役をやらされた。ある男性は、「鍬をかついで浜を歩いて下さい」といわれ、歩いていくと、そこに網を揚げてきた舟が着いていて、ナレーションでは物々交換の相談をしているような場面になってた。次々といろいろなテレビ局の番組に出たことのある彼は、「やらせのない番組はひとつもなかった。金輪際テレビには出ん!」とおっしゃっていた。

あーあ、やられた。当時「持たない、見ない、持ち込ませない」の非テレビ三原則を貫いていた私だったが、本に書いてあることを鵜飲みにして、一〇年ばかりも昔のテレビ局のやらせに乗せられてしまったのであった。

上＝わらぐつ作りを習う（新潟、1973年）
下＝「着土」を生きる――山口安心米の田植えに集う若者たち（2005年）

「調査というものは地元のためにはならないで、かえって中央の力を少しずつ強めていく作用をしている場合が多く、しかも地元民の人の良さを利用して略奪するものが意外なほど多い」これは宮本常一（宮本、一九七二、本書第一章）の「調査地被害」の結びの言葉である。その後も、われわれ研究者の、調査に名を借りた、地元民から見れば無意味な、あるいはむしろ有害な行為はいまだに根絶されていない（安渓、一九九一、本書第二章）。こうした一方的略奪という構造は、なんとしても変えていかなければならないが、そのための免罪符のように言われてきたのが「研究成果の還元」ということばではなかっただろうか。還元は可能か、そして正しい還元とは何か？　日本の文化人類学研究者たちへのアンケート結果から、この問いへの答えをさぐってみよう。

1　専門に閉じこもりがちな研究と執筆の姿勢

人間を対象とする野外科学の場合、研究成果の公表と還元は、フィールド・ワークを実施する前から充分に考慮しておくべき問題である。

研究の成果を発表して、被調査地域の人々がそれを読んだとすると、相手に迷惑がかかるのではないか——この反省を、フィールド・ワーク中からくりかえしていないと、顕在化する、しないにかかわらず問題を引き起こすことがある。

一九七二年ごろ、日本のある研究者が民族学関係のある雑誌に韓国の旅行記風の随筆を書いた。その中で、韓国における中央情報部と研究者の緊張関係が曝露風に記されていたことが問題となり、執筆者と無関係の日本人若手研究者が韓国の文化人類学会の理事会に呼ばれ、日本人の研究姿勢等について詰問されるという事件が起った。随筆を書いた時、問題になるとは思わなかった、ということであろうが、深い考えもなく書いたものが日本人研究者全体への不信にまで発展しかねなかった例である。

いわゆる〝インフォーマント〟（情報が研究者に向かって一方的に流れるのが当然といわんばかりの用語だと私は思う）のライフヒストリー等について、現地の人々の目には直接ふれない物に書いてきた、という若手研究者がいる。論文の場合、流行小説と違って読者層が限られているため、問題は起らなかったというのである。

しかし、いつもこのような研究者側の期待どおりに事がはこぶとはかぎらない。調査報告書を話者に送り、高齢者にも読み易いようにと、言葉づかいにもかなり配慮してきたというベテランの研究者でも、本人の目に触れることは絶対にあるまいと考えて実名のまま公表したところ、別の研究者がそのデータを無思慮に引用し、本人の目に触れることになってしまう危険性がでてきたということがあった。

方言調査の例では、ある村の方言がまわりの村々と違い、その理由は、被差別部落であることだと推定されたのだが、そこだけを空白にすることもできず、和文報告書では理由を述べずに方言の違いという事実だけを書いた。それだけの配慮をした研究者も、英文解説の中ではこれ幸いとはっきりと書いてしまった。しかし、例えば、その村からは英語が読める人が将来にわたって出ないだろうという推定には何の根拠もないであろう。

これらの例の背後には、研究者は、例えば学会誌や英語論文といった、被調査者には越えがたい「専門性」という砦にいつでも閉じこもることができるのだという考えがひそんでいるのではないか。しかし、そのような考えはもはや幻想である。砦の安全を保証していると一部の研究者が信じてきた壁は急速に崩れつつある。私がいま経験している例を挙げよう。

私は、コンゴ民主（旧ザイール）共和国の田舎の村々の調査を何度かやり、この結果を主として日本語と英語で報告し、一部はフランス語とスワヒリ語で書いてきた。それらの村出身の一青年が文部省の給費留学生として日本にやってきて、日本の大学で修士号と博士号をとった。多様な言語を駆使して国際機関で働く彼は私の書いた報告や随筆をすべて理解し、批判できるだけの日本語力を身につけている。「何語でどこそこに書いたから村人の目には絶対ふれないだろう」となどという考えは、もはや通用しなくなってきているのである。

2　調査の報告書が地元に送られていない

地元の協力者に研究結果が送付されないという不満が日本のあちこちにあることを耳にする。きちんとした礼状を書かず、写真も送らない研究者の態度もまだ根絶されていない（安渓、一九九一、本書第二章）。研究者の側にも事情はある。例えば論文というものは堅苦しくつまらない形式の物であって、これが教えていただいた内容です、といって村人に送って、はたして意味があるのだろうかという悩みである。土地の人からは、何度もこうやって調べに来るけれど、調べて何がわかったのか、わしらにはちっとも教えてくれんじゃないか、と言われて、調査した後つねに返すことのできない借りをかかえているような気分に陥ってしまうのである。

なぜ、論文という「堅苦しく」「つまらない」形式のものばかりを生産する苦行にいつまでも耐えなければならないのか。むしろ、研究者自身が既成のアカデミズムの壁をやぶり、内容だけでなく発表の形式をも変えていくように、調査地の住民に励まされているととらえるべきではないのか。

外国については、調査を何回か重ねたのちには、現地の言語やリンガ・フランカでレポートを残すようにするべきだという提案を何人かの研究者がしている。すでに現地で現地語でレポートを書いてはじめて帰国できるという調査許可の体制をとっている国は少なくない。しかし、そのための環境づくりはそれほど進んでおらず、充分な調査期間、それにともなう費用の増大を支える研究費の増額や長期の休みがとれるような勤務先の条件整備も必要になるという指摘があった。

官僚的な行政システムのために、ほんとうにその資料を必要とする当事者に報告が届かない例がある。例えば、北海道教育委員会から刊行されている「金成マツノート」「久保寺ノート」の和語訳、「民俗調査報告書」等は、予算の関係からか、一部関係機関、研究者に配付されるだけで、一般のアイヌの手に触れることがまったくといっていいほどない、という。前項とも関連するが、研究とその成果の公表の体制そのものの変革が必要なのである。

3　報告書を送ればそれでいいのか

たんに、印刷になった資料を送ることだけが還元ではない。ペルー日系人移民調査のアンケートのフェース・シートそのものを製本して寄贈した例があり、今後貴重な資料として活用されうるだろう、という期待をある研究者はもっている。しかし、この路線の奥行きはまだまだ深い。

論議ではなく、実践をとよびかける次のような声があり、共感をおぼえる。いわく、「還元」については観念的に理想論を述べていてもだめ。小さな試みでよいからとにかく何か実行してみるべきだ。例えば、被調査者をもまきこんだ共同「調査」、地元懇談会、成果発表会、共同イベントなどを実際にモデルケースとしてやってみて、さらにその教訓を発展させていけばよい。それなしでは、一九七〇年代の論争の時と同じく、またしても机上の空論に終わる、それをもっとも危惧する、という主張である。あたりさわりのない答申を出して、それで研究倫理委員会は役割を終えたのだとするようなしめくくり方がなされるのではないかという不信感から、アンケートにも答えなかったという若い学会員もいるが、まさに同じ主張であろう。

しかし、すでに「還元」のためのさまざまな試みを実行している例がいくつかある。

調査が終わって一年後をめどに、町の社会教育講座の中で、住民向けの報告会をおこなうことを約束しているという研究者がある。論文や報告書という形式を乗り越え、住民との交流の中で研究成果の還元をはかる、というひとつの方法であろう。ただ、事前の約束ではなく実践を着実に積み重ねることでしか信頼は得られないというあたりまえのことも指摘しておかねばならない。

アイヌ語研究者のなかには、古老から学んだアイヌ語の知識をアイヌの若い人々に還元するための教室を設けて努力している例もある。こういう実践を通して、研究者はいやおうなく、伝承者としての役割をも果たすことになる。

研究成果の公表にあたって、する側とされる側の溝を埋めるべく努力した人として私は野口武徳の名前をあげておきたい。彼は、沖縄・池間島の報告を書いて、印刷する前に現地に送って見てもらった。その原稿は真っ赤になるまで島の人々によって訂正されていたのであった（野口、一九七二）。

単に対象者・提供者への調査報告書の送付ですましてしまえない気がして、むしろ、地方の研究者の研究成果（著述）の公表のために努力している研究者がある。それを通して研究者の側が学習することができればという期待もあるが、その念願をすべてが叶えることが、出版不況のためになかなか困難で精神的に悩んでいるという。これは、私の沖縄での経験と非常に近いものである。話者が筆をとることを手伝うと、その話者から得たデータをもとに論文を書くより、はるかに大きな発見がある場合がある。印刷・出版については、せいぜい魅力的な編集につとめ、あちこちの出版社に精力的に売り込む以外に方法はないが、場合によってはワープロ文書の簡易印刷であっても地域でのインパクトをもちうるということも指摘しておきたい。

この試みと、一見近いようであるが、アンケート中の次の提案には慎重でなければならないと感じた。それは、沖縄の島々の郷土史家の詳細な記述を一ヵ所に集め、研究者の論文も集めるならば好都合で、琉球文化の将来に貢献するだろう、という主旨の提案である。これは、運営の方法と設置場所をじゅうぶん配慮しないと、もっぱら研究者側にとってのみ「便利で好都合な施設」になってしまうおそれがある。

外国でも様々な実践報告がある。調査が終わったあと、地元民が自前で活動できるようにさまざまな配慮をはらっている例がある。ソロモン諸島での音楽芸能ドキュメンテーション・プロジェクトの例である。プロジェクトは地元との共同作業ですすめ、調査資料はすべて一般公開した。また。今後、自前でドキュメンテーションの活動ができるよう、トレーニングをおこない、器材の一部を提供した。研究成果を寄贈してマスメディアでも放映した。さらに教材をつくり配付している。これらは、地元の将来のニーズにも対応できるようにすることを目標にしたものであるという。

される側の中から地域の「こころ」をもった研究者を育てるように配慮をしている研究者グループもある。ミクロネシアの若者をまじえた民博における辞書の作成プロジェクトは、その一つの例であったと思う。

インドネシアの農村での、自分らの所ではなぜ最近米の生産が落ちたのかという問いに、一〇年後、調査隊に土壌学者を加えることによって、はなはだ遅ればせながら一応の答えをだすことができたという例もあげられていた。

現地への還元の方法としての開発人類学の研究が必要で、具体的には日本の開発政策の検討、人類学的貢献の可能性の模索などがテーマになる、という指摘もあった。外国においても、日本においても、この提案を実行に移すには「地域にとって誰が本当の地元であるのか」という、非常に重要かつ微妙な問題にかならず直面せざるを得ず、その問いを忘れた時には、研究者としての発言のすべてがきわめて無責任なものとなる、ということを肝に銘じておかなければならない。

また、「参画方式」を提唱する意見もある。それには、まず当の少数民族が今後何を求めてゆくのかに焦点をあてた調査をする。そして、そのヴィジョンを推進するために、住民主体を柱に専門家・行政が協力する。それによって、研究成果の還元は充分可能であり、学術的な意味も格段に深まるという。

研究成果の直接的な還元ではなくても、地元への感謝をあらわす行為はありうる。宮本常一（一九七二）が書いている例であるが、八学会連合（九学会連合の前身）の対馬調査がおわったあと、渋沢敬三団長は、宮本の助言を求めて、ランプ地帯に電灯がつくように融資の実現を配慮し、しかも働きかけがあったことが目立たないように努力されたという。また金関丈夫は、戦後すぐの調査で「お世話になった波照間島の方々をおなぐさめしたい」と様々の読み物をかなりの量あつめて同島の公民館に贈ったという（國分、二〇〇六）。

4　地域と文化の崩壊のただなかで調査・研究のもつ意味は？

長年、文化人類学者たちの関心の焦点（メシの種）であった「伝統文化」とそれを支えてきた地域は、今大きな危機にさらされている。そうした地域と文化の崩壊を目の当たりにして、良心的な研究者は無力感に苛まれることになる。これは、誠実に努力しようとすればするほど出てくる症状であろうが、無力感からは何も生まれないことも事実であろう。

九学会連合の調査に参加したある研究者が、一番無力を感じたのは、復帰以前の沖縄調査であったという。日本に復帰して、果たして沖縄によい結果をもたらすか。本土資本に汚染されていくのが目に見えていて、何もすることができなかった。当時の状況では復帰の方法よりも、復帰そのもののが関心の的であり、つくづく無力を感じた。一体何のための調査であったのか、云々。

かつてコタンに永住することを勧められ、その厚情に感激したが、遂に決行することができなかったという研究者は、アイヌの人達が当面している、もろもろの問題に対して、民族学者や文化人類学者は全く無力であることを痛感するといい、研究成果の還元など、考えられそうもない、と告白する。ダム建設によって二風谷の聖地が水没するかもしれないというニュースに心を痛めているのみであるという。

無力感とは別の、もうひとつの典型は、研究の成果あるいは研究活動そのものが地域文化のお手本のような役割を果たしてしまう、という可能性である。

刊行した論文や報告書が、現地の人が伝統的民俗文化を実修する際のお手本（シナリオ）となる可能性にどう対応するか。研究者が正しい民俗文化の行ない方を指導するハメになってよいのか？――これは東京の事例であるが、伝承が研究者の録音テープの中にしか残っていない、という例は世界中に数しれない。

さらに、現地の村人への還元は、調査時の相互の関係にすでに始まっているはずである、という指摘もある。研究者が異常なほど伝統的儀礼に執着したために、村人自身の間に、伝統の記述の気運を産み出させてしまったという。これが文化の破壊か、ある種の成果の還元かは、ご本人もおっしゃるとおり、にわかには判断できないが、アイヌ語の教室を研究者が主催しているという例を思い起こして興味深い。

すべてを書くことが許されない例をあげれば、口頭伝承が社会的地位と結びついている場合などである。当面は現在生きている人々の生活が第一であることは認めても、一〇〇年後、二〇〇年後に民族の記録として詳細な文書が評価される時もある、という気も一方ではするというのである。これは、未来の読者に期待する気持ちであるが、やはり研究者の一存では決めかねる問題であろう。

研究者が声高に研究の学術的意義を主張したり、あるいは逆に無力感にうち沈んだりすることを許さないような地域もある。たび重なる調査に疲れた地域やアイデンティティ回復の意識が高まっている地域ではその傾向が顕著である。自分たちの生活そのものが存立基盤を失って崩壊しようとしているときに、それには無関心で無関係をよそおう学問に存在意義があるか、という厳しい問いかけの声に直面するのである。

私は、八重山で「研究者やめますか、それとも人間やめますか」というのに近いことを言われ続けているが、他の研究者も、八重山の人々の、研究者への懐疑の念を報告している。研究への協力に対して研究者は自分たちに何をしてくれるのか、ということが最大の関心であった、という。私自身も、西表島で開催した研究報告シンポジウムの中で漁業と農業と猟に生きる島の青年に次のように言われた。「ふるさとと思う気持ちが少しでもあるなら、世界の宝であり、ぼくらの生活の基盤であるこのすばらしい自然を守るために、もっと研究を進めて、もっともっと力を貸してもらいたい」（本書第三章）

オーストラリアでの経験として「もう一〇〇年以上調査してきてまだわからないのか」と聞かれて回答できなかった、という例が報告されている。私も、コンゴ民主（旧ザイール）共和国で「あなたは、ここの言葉も習慣も調べてわかるようになったのに、お返しに日本語さえ教えてくれない。そんな差別的なやり方を神様は決してお許しにならないでしょう」と娘さんから抗議を受けたことがある（本書第九章）。

これらの経験のあとに、研究者の真剣な自問自答がやってくる。

ある日本の研究者は、調査村落内に極めて深刻な差別状況があるため、研究成果を公表する時は、学術的に問題だという批判を承知のうえ、村の戸数や人口を変え、そのうえ仮称で通しているという。差別解消のために直接的な提言ができない場合は、少々学問的な正確さが犠牲になっても、それはやむを得ないという考えである（これは、本書五一頁の［問い1］の答えでもある）。

「調査研究」そのものの価値がどの程度あるのか。つまり、われわれの研究活動は、「民族」の生活以上の価値をもちうるのか？——地域ほろんで学問栄える。そんなことでよいのかというこの問いは、私が西表島で永年言われ続けてきたことである。この問いかけに対して、たとえば研究補助金申請の作文では「このような今まさに滅びようとする生活様式の正確な記述は、焦眉の急である」などと書くことがないとは言えない。しかし、当該の民族の面前でイエスと答えうる研究者はもはやいないであろう。

「北」の知が「南」に役立ったものは何だろう？——コロンブス以来の五〇〇年間、結局何ひとつなかったじゃないか、という呪咀に近い声が世界の各地から響くようになってきた。調査した土地や民族の運命と無関係なふりや論文づくりがまったく通用しない時代がいよいよやって来たのだということであろう。

5　いま何が可能か

それでは、今、われわれに何が可能か。実情の複雑さにもかかわらず、理念としての解答は明確である。ある長老研究者は、こう言っている。いわく、基本は、調査対象に対する人間としての誠意と友情を貫くこと。他は自ずから枝葉にゆきわたる。調査の許可、公表の承認、成果の還元。これらなしにフィールド・リサーチはゆるされない、と。さらに、私の言葉を付け加えるならば、する側の一方的な略奪の構造を変えていくように、ひとりひとりの研究者が努力し、その力をあわせていけるようなネットワークをつくること。しかし、このような理念を繰り返し唱えるだけでは事態は容易に変化しなかった。自分の研究活動を反省することは痛みをともない、その痛みを踏まえた実践には時として大きな勇気がいる。

個別的価値と普遍的価値の接点の橋渡しの役目をはたしうるという意味で、人類学者であり、かつ、人間であるという微妙な立場あるいは境界的領域にいる有利さをよく知るべきだという意見があったが、それが本当の「有利さ」でありうるかどうかは意見のわかれる所であろう。

学者は研究をして論文を書くのが仕事ではあるけれども、民族学というテーマである以上、その過程で人としての心を打つこと、心のいたむことが必ずあるはずだし、何とかしてあげたいと思うことも多いと思う。これをすべて押しつぶしていくと、本人の人格も非人間的になりやすい——これは、ある研究者の告白である。

そこで、次のような姿勢が出てくる。個人としてできることとして、友人を作り、その日にお世話になった方々との長いお付き合いをお願いし、今では、現地の共同研究のメンバーでない少数民族の研究者たちとも連絡を保ち続けて、お願いしたりされたりしているという。

「調査地被害」が出版されたあと、調査地被害のことを考えると、もう調査なんかできそうにありません、という弟子の声に答えて、宮本常一は、「仲間だ、と思われるようになればいいのじゃよ」と諭した（神崎、一九八一、本書序章参照）。

教科書問題など、研究者の個人プレーだけでは解決できかねる問題も多発している。システムそのものに問題がある時には、個人としての誠意と友情だけでは解決は難しい。だから、文化人類学の研究者には、人種差別・民族差別に加担する研究者・研究機関に対する批判をおこなう義務がある、とする若手の主張も出てくるのであろう。

そして、現地への還元は学者の独りよがりであってはならない、という指摘がある。期待と現実を混同する過ちは私もよく犯すし、自分のやったことを過大評価しがちなのも毎度のことである。援助のためにかえって地域の自立がはばまれる、というのと同じジレンマがあることを反省している（本書四八、八四頁参照）。「研究成果の還元」という言葉には、する側がされる側から得た多くの物の一部を返すという意味合いがどうしても感じられる。調査する、される、以外の関係の上に人類学を作っていかなければならない、という意見に深く共鳴する。研究という営為が、する側とされる側の一体となった活動を意味し、「研究成果の還元」という言葉が死語になる時代がこなければならない。それこそが、人間を研究対象とする野外諸科学の再生への道のひとつであるという予感がするのである。

〔追記〕

この文章は、日本民族学会（現文化人類学会）の会員へのアンケートを、研究倫理委員会の委員がまとめたものの一部である。アンケートを取る時に引用についての許諾を求めなかったため、すべて直接引用ではない「地の文」として書いたものである。

たとえ言葉は通じなくても友達になれた（撮影=伊藤幸司、1975年）

東アフリカをあるく

……この国の人々は実に親切で人なつっこいのである。あるいていると手をふってくれるものが多い。そして「ジャンボ（今日は）」と挨拶する。こちらが声をかけたとき、知らぬ顔をして通りすぎる人は一人もいない。「今から四〇年前の日本の村もこうであったが……」とふと懐旧の情にひたることがある。その私生活についても日本人よりははるかに素直に話してくれる。もし私にこの人たちの言葉を十分にわかる力があったら、どんなに肩をたたきあい、手をにぎりあって話すことができるであろうと、しばしば思ったのである。そしてそれは私一人の思いではなく、私たちの仲間一三人が等しく体験したことでもあった。心に屈折を持つことの少ない人びととの話しあいはたのしい。「相手の真の魂胆はどうであろう」などと憶測することがほとんどなくてすむからである。

そしてアフリカは決してわれわれに遠い世界ではなく、身近かな世界であり、しかもわれわれにいろいろのことを反省させてくれる世界である。ではどんなに身近かなのかについて見聞し、体験したことについて話したい。……

ケニア

二二日の夜はエドワードさんの家に出かけていって御馳走になった。家は町の東方の郊外にあった。子供さんは二人、それこそ愛の巣というにふさわしいつつましい、しかし簡素で清潔なお宅で、そこへ一三人もの人間が押しかけたのである。兄弟、親戚の人たちはいずれも近くに住んで、お互い助けあっている。そういうあたたかなものがあふれている家庭で長女のクリスチーヌさんは小学一年生でちょっとハニカミ屋だが実にハキハキしていて、ことばをいろいろ教えてくれる。そして歌をおしえてくれといったらエドワードさんの子で四歳になるという少年といっしょになって、いくらでもうたってくれる。この国は歌の国なのである。

さて夕食になる。ウガリ（トウモロコシを粉にして煮て餅のようにしたもの）、チャパティ（小麦粉をねってまるく平たくして焼いたもの）、鶏肉のシチュー、牛肉を小さく切って煮たもの、油菜を油でいためたもの、チャイ（茶にミルクを入れたもの）、デザートにバナナとパイナップルを小さくきざんでまぜたものが出た。量が豊富でみな満腹した。

私はエドワードさん一家の御好意が実にうれしかった。全く行きずりの人なのである。それが旧知のようにあたたかく心をひらいて迎えてくれた。私はそこに新しいアフリカの人たちのすばらしい姿を見たように思った。町には貧しい人たちもいる。大きなビルの入口のところに団子のように寄りあって寝ている人たちの群れも見た。道をあるいていると、金をくれと手を差し出す人も多い。それはそれとしてみとめなければならぬ。しかしエドワードさんのような若い人たちが肩をいからせたり、悲痛がったりするのでなく、ひろい心あたたかい心を持って、未来を信じ、未来を自分のものにしようとして日々を生きている姿に心をうたれる。……

タンザニアへ

……町にはどの町にも市場がある。その市でどのような品がどのように売られているか。これはかならず見ておく必要がある。同時に町はずれに仮小屋掛けと露店の市がある。これも見る必要がある。周囲の村々で何がつくられ、また周囲の村々の人たちが何を必要としているかを知ることができる。また大きな町にはダウンタウンとよばれる町がある。そこで黒人たちがどんな店を出し、どんな仕事にしたがっているかを見る必要がある。そういうところで働いている人たちに声をかけると、実に親切に教えてくれる。いろいろ聞いていると何人も集って来てくれて、間違いを訂正したり、わかるまで教えてくれる。昔の日本の村人たちそっくりといっていい。……

ここでは日本からの旅人として日本と比較しながら、アフリカの民衆がどのように近代化への歩みをつづけているかを見てゆくことに視点をおくことにしたのである。そしてまずタンザニアからあるいて見ることにし、七月二五日朝ナイロビからタンザニア北部の主要な町であるアルーシャへたった。……

心ゆたかな国

伊藤君はオートバイ（ここではピキピキという）をバスの屋根の上にのせてもらうつもりで交渉して一通り諒解をとっていたが、運転手はのせないという。そこで伊藤君はピキピキでアルーシャへ向うことにし、私はバスに乗った。さいわい親切なアメリカ人が三人乗っていて国境での通関手続の面倒を見てくれることになった。言葉はろくに通じないが、それはたいしたことではない。この国の人だってみんな親切である。ニコニコさえしておれば何とかなるものである。私は日本の国内を何回となくあるきまわった。多くの民家にもとめてもらった。しかしその間にただの一回ももう来るなといわれたこともなければ、叩き出されたこともない。

二度目にたずねていくと、みんななつかしがって迎えてくれた。アフリカだっておなじことであるはずだ。国境のナマンガで係官が私を見ると「コンニチハ」といったので私も「コンニチハ」と答えた、そこで出国記録を出さねばならぬが、さてどう書くかとまどっていると、係官がいちいち聞いて書いてくれる。私はサインだけした。荷物の方もみなしらべられていたが私だけはそのままOK、これは老人の余徳かと思った。それを見ていたアメリカ人が、タンザニア入国のときは全部書いてくれた。そこでも私の荷物だけは見ようともしない。「サンキュウ」といったら向うから手を出して握手してくれた。さて「日本の係官はこれほど人なつっこいかしら」とふと思った。……

再びのケニア

キナンゴップで車をおり、ナイバシャというところへゆく車をさがしていると自動車が来て乗れという。途中でいろいろ教えてくれるし、リフトバレーという断層谷の崖の上では車をとめて写真をとらせてくれた。そしてナイバシャまで来るとわれわれを下して金もとらずに去っていった。……

私たちはトムソンズ・フォールズからナニユキ、メルー、エムブなどを経てナイロビにかえり、二一日にはモンバサへいった。そしてそこの古城の中にある博物館を見た。あつめられているのは陶器が多い。そのはじめは黒人の作ったもの、ついでアラビア製の陶器、一四世紀になると中国の陶器もたくさんはいって来る。そして一七世紀に入ると日本の有田の磁器もこの地におくられている。日本は鎖国であった。人間は出国をゆるされなかったが、商品の方は風波をこえてここまで来ているのである。

アフリカは決してわれわれに無縁の世界ではない。明治時代に沖縄糸満の漁夫たちは小さなサバニという漁船に乗ってザンジバルまで魚をとりに来ていたという。平和な交流は目立たないものである。しかし根づよいものがある。ヤシもバナナもトウモロコシもサイザルもみなこの海岸の港、ラム、マリンディ、モンバサ、ザンジバルなどを経由して奥地にひろがり、黒人たちの生活をたかめていった。アラビア人たちは東アフリカの海岸に航海したばかりでなく東南アジアの諸港へ七世紀頃から通航している。それが東南アジアとアフリカを関係深いものにしたかと思う。日本へもアラビアの文化は海を通じて及んでいた。スワヒリ語もこの沿岸で生れた。浸透に時間はかかったが、この国の人たちは強いられてこれを身につけたのではなかった。

未来へ向っての眼のかがやきと信頼はこうした歴史と情況の中から生れて来たのだと、モンバサの博物館と、アラビア人やインド人たちの住んでいるオールドタウンを見てしみじみ思った。そしてわれわれ日本人が海外文化をうけ入れたと相似た対応の仕方のあることにも気付いた。しかもこの国の人たちは植民地になったことはあるが、征服し、征服される戦争の体験をほとんど持っていない。そうした歴史と生活の中から新しい偉大な思想の生まれることを期待する。

ナイロビへかえると飛行機は二七日まで出ないという。あらためて反省の機会を現地で与えられたことをこの上なくありがたく思って、飛行機を待つ時日を利用してこれを書いた。ここには日本へかえってからのひねくれた批判ははいっていない。私がこの地でうけた強烈な印象だけである。そしてよい仲間伊藤君の協力と、行く先々で出逢った好意に満ち、善人そのもののケニア人、タンザニア人たちに兄弟にも似た親しみを持つことのできたのはこの上なくありがたいことであった。

上＝タンガニイカ湖畔で料理を学ぶ安渓貴子（1979年）
下＝ママたちとともにソンゴーラ人の料理のまとめ（1980年）

「智恵の真髄って『いまここで』という暴虐からできるだけ遠くに解放されることだと思うんだ。」

バートランド・ラッセル『知識と智恵』(一九五四)

地域に学ぶことと、地域の本当の必要に応えていくことが渾然とひとつであった宮本常一先生や、チンパンジー社会の研究をタンザニアでのマハレ国立公園建設につなげた伊谷純一郎先生。足下の先史学研究と綾羅木郷《あやらぎごう》の遺跡を破壊から守ることに熱心に取り組まれた國分直一先生。既存の経済学にあきたらず、エコロジーとエントロピーの新しい分野を開拓しつつ、故郷の柳井市での朝市の復活に尽力した玉野井芳郎先生。そうした先人の教えを、山口の地で実践したいと様々な取り組みをする中で気付いたことや、そこに至る前史のようなものを若干紹介しておきたい。それは、いま大学で必要とされている「地域で学ぶ」「問題解決型学習」「サービスラーニング」といった取り組みの基本的考え方や、英語検定の点数を大学卒業の要件にすべきだ、という時代の趨勢の背景を考えるよすがとなるだろう。

私と妻の貴子がこうした授業にかかわるようになる源流は、めざしていた生物学や微生物生理学に挫折感を覚えて、文化人類学の川喜田二郎先生が、学園紛争への答えとして、東京工業大学を辞して始めた移動大学運動に参加したことにある。

私が京都大学理学研究科の大学院生として、動物学教室自然人類学研究室で、今西錦司門下の伊谷純一郎先生の指導を受け、初めての海外フィールド・ワークで、ケニアのナイロビに着いたのは、一九七八年七月のことだった。

ナイロビの日本大使館の職員は、まだ大学院生の私と、梶茂樹さん(言語学)がいずれも夫婦で現れたのを見て、次のような批判の言葉を述べた。

国民の血税である科研費をあなた方のような駆け出しの研究者に出すということはいかがなものでしょうか。民間のトヨタ財団の資金で研究に来ておられる福井勝義先生（当時国立民族学博物館）などは、ごりっぱと思いますが。

新婚ほやほやの梶夫妻へのやっかみもあったのかもしれない。科研費なのだから配偶者の旅費と滞在費が、自分持ちであることは言うまでもないことだった。すでに研究者としての職を得た者にしか科研費を使う資格がないのではという大使館員の選択と集中をよしとする意見に、私は次のように応えた。

唐突ですが、日本の水泳が弱いわけをご存じでしょうか。オーストラリアでは、三歳になったら全員が泳ぐんだそうです。その底辺の広がりの中からこそ、世界的に飛び抜けた才能が現れてくるんです。私は、まだ海のものとも山のものともつかない駆け出しですが、少なくとも、日本のアフリカ研究の層の厚さには貢献しているつもりです。

すぐ役にたつスワヒリ語

海外フィールド・ワークでもっとも頼りになるのは、語学力だ。東アフリカから、中部アフリカのコンゴ民主共和国の東半分ぐらいまでは、スワヒリ語が共通語である。

出発の前にスワヒリ語の特訓を受けた。いきなりタンザニアのニエレレ大統領の演説集を読むという中級クラスに入ったのだ。当時京都大学助手だったムアンギ先生（のちに四国学院大学教授）とともに、すでに一年間の初級を終えた仲間たちの学んでいた教材は、あまりにもレベルが高かったので、自習のために京都大学の図書館から、イギリス製の「リンガフォン・スワヒリ語コース」を借りてきて、レコードを聴いた。レコード最初の一句は、次のような命令文から始まった。

ネンダ！　ニタクピガ　　行け！　おまえを撃つぞ

語学の入門としてはあまりの内容だが、一九五二年から五九年にかけてのケニア土地自由軍との戦闘のために一万人を越えるイギリス兵が派遣される前夜の一九五〇年にイギリスで作られた教材であってみれば、近づいてくるアフリカ人はすべて敵にみえたのだろう。

それから私は、コンゴ民主共和国の森の村で養子になり、何度かアフリカを訪れるようになった。一九九八年、八年ぶりのナイロビで日本大使館を訪ねたところ、「覚えておきたいスワヒリ語表現」という記事が載っている日本語の小冊子が配られていた。手にしてみたら、それは二つの文からなり、そのいずれもが命令文だった。

イヌア　ミコノ　ジュー　　両手を挙げろ（ホールドアップ）

ウシニアンガリーエ　　俺をじろじろ見るな

頻発している路上強盗がかけてくるだろう言葉の予習だったのである。たしかに、これが聞き取れなければ命にかかわる。それにしても、半世紀の間に、命令文で話す練習から、命令文の聞き取りの練習へ、語学習得の目標の変化は目もくらむようだった。

一九八二年から一九九五年まで、山口大学教養部で文化人類学を担当した私は、九〇年代に入って、週二回のスワヒリ語速習のゼミを開いたことがある。基礎の文法と会話をやって、最後の仕上げに試験を兼ねた二人で組んでの寸劇をし、みんなで歌をうたうという内容だった。テレビ番組のつもりになって録画もするが、そのレポーター役をつとめたケイコさんは、授業で覚えたコーサ語とズールー語の歌「コシシケレリ・アフリカ」(現在の国歌の一部)を翌年訪れた南アフリカで披露したところ、「この歌がうたえる初めての日本人だ」として熱い歓迎を受けたという。彼女は、やがて大学院に進学し、エチオピアの人類学の専門家となったのだった。こうして、スワヒリ語に限らず、愛と平和共存のための語学は、歌から入るのがよいというのが私の持論となった。

「あなたがたは差別しようとしているのです」

フィールド・ワークへの疑問は、しかし、調査地の人たちからも投げかけられる。日本の南の島々でもらった率直な言葉については、この本の第二章と三章で紹介した。石垣金星(二〇一三、第四章)は、もっと痛烈だ。ここでは、コンゴ民主共和国でもらった言葉を紹介しておきたい。

コンゴ民主共和国がまだザイールと呼ばれていた一九九〇年八月のこと、私は、マニエマ州の州都キンドゥの小さなホテルのバーでビールを飲んでいた。そこで給仕をしている二〇歳くらいの女性とスワヒリ語で会話をかわすうちに、彼女は毎日八時間勤務して、日給が約四〇円なのに、私が飲んでいたビールは約一〇〇円と、一本が彼女の二日分の給料より高いことを知った。そして、私は、彼女の鋭い問いかけに答えることができなくなってしまったのだった。

あなた方日本の研究者は、私たちに対して大変不当な仕打ちをしています。なぜっていうと、あなた方は、私たちの言葉をとても知りたがりますね。そして、私たちの伝統や習慣を知ろうとします。そのくせ、あなた方は、私たちにあなた方の言葉や習慣をちっとも教えてはくれないじゃありませんか。そりゃあ、私たちは、貧乏です、だけど、あなた方は、手の内を全部みせることがいやなのです。これが、この国の智恵を勉強にきて、私たちの性質や言葉を理解するようになった、あなた方に私が言いたかったことです。

それから、あなた方の国では、みんなとても高学歴でしょう。ところが、私をみてごらんなさい。私は高校を卒業して、ちゃんと卒業証書ももらったけれど、ろくな仕事がありません。これが、あなたの国なら、高卒や大卒や博士号なんかの資格があれば、就職して毎日いい暮しができます。こんなことはすべて神様が（最後の審判の時に）お尋ねになることでしょう。あなた方は私たちを差別しようとしているのです。わたしたちはみんな神様のために生きているのです。神様はみんなのたった一人のお父様なのです。それなのに、あなた方は差別をしようとするのです。

人類学は何の役にたつか

こうして、文科系の、税金の無駄使いと思われがちな文化人類学などの学問の存在意義は、私にとって重要な関心でありつづけている。

最近私がブログに載せた記事「いますぐ役にたつ学問はすぐに役にたたなくなる――文化人類学の場合」(https://ankei.jp/yuji/?n=2110) から抜粋して、人間を対象とする「民俗学」や「文化人類学」といった野外科学の存在意義について、考える材料としてみたいと思う。

S'il vous plaît. Dessine-moi un anthropologue !（お願い。人類学者の絵を描いて）

――あのぉ、文化人類学って、何の役にたつのですか？

（ひねくれのわたし）：すべてを効用とそれにともなう儲けでしか理解できないものの見方、考え方を根底から破壊するために役立つのです（＝役に立ちません。何についても「何の役にたつの」という問いしか浮かばないかもしれないあなたのような人の頭の中をぐるぐるの？？？でいっぱいにするのに役立つとはおもうけれど）。

――？？？　文化人類学って、何の役にたつのですか？

（ことばが通じないと知ってすなおにもどったわたし）：人間は、みんなちがってみんな変。このことを実感することで、自分たちだけが正しい、という独善からめざめ、戦争につながる道を歩まないために心の中の歯止めをかけるために役立つのです。We Are Right（われわれは正しい）を略してWAR（戦争）というのですよ。だから、平和の根本を深く学ぶための学問です。

――文化人類学って、何の役にたってきたのですか？

植民地支配の重要な道具となりました。一八五七年、インド全土で蜂起が起こり、イギリスの支配に立ち上がりました（私の高校時代にはセポイの反乱と習った）。そのきっかけは、傭兵（セポイ）に渡された新式鉄砲の火薬と弾を包んだ紙の防水に、牛あるいは豚の脂が使われているという噂でした。使う直前に口で噛み切るのです。もし有能な文化人類学者（民族学者ともいいました）が支配側におれば、牛と豚のどちらの脂肪でも大きな問題となることを踏まえて、例えば植物性の油脂をつかうことを進言していたでしょう。

話は飛びますが、宮崎駿さんの『風の谷のナウシカ』（徳間書店版）の終わりのへんで、博士たちがつくった生物兵器に自分たちの国土がすっかり飲み込まれるのを見た大僧正のチャルカが嘆くところがあります。「僧会に生態学者はいなかったのか」。第一次インド独立戦争の例では、まさに、「帝国に人類学者はいなかったのか」だったのです。

——それじゃあ、文化人類学者って、何の役にたつのですか？

文科系の学問は社会的ニーズが低いから、そういう学部（文学部とか人文学部とか国際文化学部とか）は、さっさとつぶしなさい、というような、日本の未来を知る「文科省」[1]からの圧力に対して、研究者として個人として、また集団としては学会をあげて抗議するといった行動をとる場合に、役にたつのです。そのように動けないとすれば、しょせん何の役にもたたず、帝国とともに滅びるように運命づけられた呪われた種族だったということになるでしょう。

［註］

（1）日本の未来を知る「文科省」という言葉をつづけて読んではいけません。違う意味に誤解されることがありますから。

上＝ソンゴーラ人の村の教会の前につどう（1990年）
下＝７年ぶりに養父の家族と再会（1990年）

アフリカの森へ

一九七二年、京都大学理学部三年生だった私は、それまでめざしていた生物学に、いや、大学生であることそのものに挫折を感じていた。そんなとき、文化人類学の川喜田二郎先生が始めた移動大学運動を知り、津軽・岩木山中での二週間のキャンプに飛び込んだ。一〇八人の参加者が地域を教科書に学ぶプログラムの中で、大きな開放感を味わい、フィールド・ワークに惹きつけられた。気がついた時には、移動大学のボランティアスタッフとなり、翌年の新潟県巻町での角田浜移動大学の準備のために奔走していた。それまで時刻表も読めなかった私は、それから半年間に一〇〇泊の旅をして、京都の自宅からほぼ蒸発したのだった。

大学に戻ってみれば、そこには川喜田先生と同じ今西錦司門下生の伊谷純一郎先生がアフリカ研究を推進しておられた。アフリカでフィールド・ワークをしたい！　それだけを思って自然人類学の大学院を受験した。そんな私が沖縄の民俗を研究したり、後に文化人類学の大学教員になったりするとは思ってもみなかった。移動大学のスタッフとしてともに汗を流した貴子は私と婚約して、自分の専攻を微生物生理学から植物生態学へ変えようとしていた。伊谷先生の指示で訪れた、西表島の人里離れた廃村・鹿川《かのかわ》村が二人の初の共同研究のフィールドとなった。

伊谷先生は、三度にわたって私の西表島への旅に同行してくださった。マングローブの河口を胸まで浸かっての徒渉や、キャンプで食べ物を自給する方法などは、縁側で高齢者の話を聞くことがフィールド・ワークかと思っていた私への特訓プログラムだった。無人の山野での藪こぎや沢登りは、会議や原稿書きに倦んだ伊谷先生のリハビリでもあった。

念願のアフリカ行きが実現するまでに、私たちは西表島に三年間通った（アフリカから帰ってからは四〇年通った）。西表島は、地域の人たちと濃いつきあいをすることと、同じフィールドで二人がそれぞれ違う視点をもって共同研究をするという勉強の方法の基礎を私たちがたたき込まれた大切な場所になった。その間に、大山移動大学で宮本常一先生からフィールドとのつきあい方の教えを直接に受けることができたのは忘れがたい出会いだった（本書序章）。

アフリカへの出発を間近にした私たちに、伊谷先生はこうおっしゃった。

「どんなに粗い網目でもよいから、ある全体を覆う研究をしなければいけない。そうすれば、これまでに誰もやろうとしなかった課題に気が付くはずだ。それが見つかったらその一点に集中して深く掘るがいい、岩盤に届くまで。ルアラバ川の東側の森がいいだろう。あそこはこれまで誰も手を付けていない所だから……」

「お前の立つところを　深く掘り下げよ！　その下に　泉がある！」とは、ニーチェの、そして「甘泉」を号とした沖縄学の父・伊波普猷《いはふゆう》の言葉だ。上空を飛行機で飛んで美しい森が広がっているのを見ただけで伊谷先生が選んでくれたフィールドは、アフリカの心臓部の熱帯雨林のただ中の、コンゴ川を河口から二七〇〇キロばかり遡ったところだった。はたしてそこが、私たちの「立つところ」になるだろうか。

伊谷先生は、海外フィールド・ワークが初めての私たちのために、研究室の先輩の掛谷《かけや》誠・英子《ひでこ》夫妻が私たちが住み込める村を見つけるまで同行して指導するように計らってくださった。

ソンゴーラ人の住む森の村々で、私たち四人は歓待を受けた。一番いい部屋に泊めて、ごちそうを出していただき、お礼をくれとは一度も言われなかった。一〇日ほど歩く旅の中で、ハンセン病で指が全然ないおばあさんと握手をしたり、スワヒリ語で「鳥を見ようよ」と言われて上を向いたら、サファリアリの群れの中に踏み込んで全身嚙まれたりといった、先輩からの愛のこもったしごきに満ちていた。最後の日には、食器などの荷物を全部かついで森の踏み分け道を三八キロ歩いた。キンドゥの町のホテルの対岸まで来たところで日暮れとなった。幅六〇〇メートルの夜の川を渡す丸木舟をようやくつかまえた。ところが漕ぎ出してから約束の四倍（昼間のフェリー料金の一〇〇倍）もの法外な値段を船頭が請求してくるのだ。真っ暗な中洲に漕ぎ寄せて「ここで一晩寝てみるかい？　ここらのワニはお腹が大きいよ」と脅すのである。私はかっとなったのだが、掛谷先輩はおちついた猫なで声で「トゥタクバリアーナ（折れ合おうじゃないか）」と値引き交渉を始めて、三分の一ほどに負けさせたのだった。

この旅を踏まえて、私たちは清潔なベッドと強い地酒でもてなしてくれた一〇〇人弱の村を選んだ。二人だけで戻っていって、「よかったら、半年ぐらいおいていただけませんか」と訊いた。会話はよちよち歩きのスワヒリ語だ。にこやかに迎えられ、村長が自分の居室を明け渡してくれた。村長の二人の妻たちに食事を出してもらい、水浴びの水をバケツに一日一杯くんでもらうという世話を受けながら暮らし始めた。貴子はすぐにママたちの世界に迎え入れられ、日本では習わずにきたスワヒリ語も少しずつ話し始めた。カップルで滞在すると、受け入れ側も安心してくれるようだった。

貴子の考えで、村人が私たちに慣れるまで、はじめの一月はカメラもテープレコーダーも使わなかった。二、三週間もたったころ、村長が「家を建ててあげようか」と尋ねた。半年暮らしたいという私たちが本気だと気づいたのだろう。大喜びで家を建ててもらうことにした。村のはずれに場所を選び、草を刈り、杭を打ち、ロープで家の形をとって準備は完了だ。台所と寝室を合わせても団地サイズの四畳ぐらいの小さな家だ。ところが、なかなか建築工事が始まらない。そのうち予定地にはまた草が生え、ロープも隠れてしまった。待ちきれなくなって村長になぜ工事が始まらないのかを尋ねた。

何人もの父たち

返事が、例えば「人手や材料がそろわない」とか「住宅金融公庫の融資が」といったものだったら、こちらも経費を負担するなどの心の準備はあった。しかし、返事は思いもよらないところから来た。「わしのことを『父さん』と呼んでくれるものは多いんだが、それはみんなわしの兄弟の子ども達だ。実のところ、自分で産んだ子はひとりもおらんのだよ……。お前、わしの息子にならんか？」私はその勢いに呑まれて思わずスワヒリ語で「ンディヨ」つまり「はい」と答えてしまった。すると「じゃあ、お前は今日からわしの息子だ。息子なら親といっしょに住めばよい。だから、家を建てる必要はない。わかったか」と言われ、一戸建ちの家をもつという私たちの夢はあえなく消えた。

それからは、村長をスワヒリ語の「スルタニ（村長）」ではなく、「ババ（父さん）」、ローカルなソンゴーラ語では「アサ」と呼ばなければならない。それだけでなく、アサの兄たちは「大きい父」であり、弟たちは「小さい父」であって、例えば椅子がひとつしかなければ、当然父親に譲らないといけない、と教えられた。紹介された中で一番若い「アサ」は、当時六歳ぐらいの少年だった。

私が村長の息子になってしばらくして、近くの村に近隣のプロテスタントの信徒が集まって大きな集会をすることになった。三時間ほど歩いて会場が近づくと、大勢の人達が歓迎のために待ち受ける中に父がいて「息子よーっ」と呼ばわるのだ。こうなれば仕方がない。「お父さーん」と大声で叫びながら走っていって、公衆の面前でしっかと抱き合う。実の子がなかった村長にとうとう息子ができたことを知らしめるパフォーマンスだ。

フィールド・ワークの手始めに、まずは村の地図をつくることにする。私が歩測をし、方向感覚の優れた貴子が地図を描く。「へえ、頭を使う仕事は嫁さんがやるんだね」という村人のささやきが聞こえてくる。

森と人間の関係を調べるための植物標本づくりで村人たちのその印象は決定的になった。植物を採集し、スケッチする貴子の横で、私は薪をくべながら乾燥標本づくりを続ける。さて、そろそろ家族構成のインタビューをしようと思って訪ねたある家では「あんたの仕事は葉っぱを乾かすことなんだろう？　字を書くような難しいことは嫁さんに任せておいた方がいいよ」と言われてしまった。

それでもなんとか一軒ずつ聞きながら自分の家に来たとき、父に型どおりに尋ねた。「子どもさんは？」そうしたら「おまえだけだ」という返事だった。つづいてお向かいの、奥さんが七人ある男の人の家に入った。椅子をすすめられ酒が出てきた。焼酎がおいしいから選んだような村だから、遠慮なくいただいていた。すると、父の第二夫人が入ってきて、きびしい声で「父さんが呼んでいるからすぐ家に帰りなさい」と命じられた。あわてて帰ってみると、父からのお説教だ。

「うちとお向かいさんとは、お互い相手から嫁をもらうという大切な間柄だ。そんなところで、親しげに酒を飲んだりすることはならんのだ。わかったな」

村は二つの親族集団にわかれていた。そして、その間では礼節を守らなければならないという教えだった。文化人類学ではこれを「忌避関係」と呼んでいる。裃《かみしも》をつけた関係というか、ともすれば損なわれやすい人間関係をあらかじめ冷しておくという知恵だ。忌避関係でもっともきびしいのは、男の場合は、妻の母親との関係だ。例えば一本道で行き会うだけでも失礼になるので、もしそういう場面になったら、夫は藪の中にとびこんで隠れ、自分の姿を見せないようにすることが敬意の表現になる。これほど厳しくはないが、一つの皿から食べることが許されない仲というのもある。私たちは、村の親族関係の編み目の内部にとりこまれた結果、うちとけて交流することが許される範囲が村の半分になるという選択をしてしまったことになった。

父と子の間では、一つ皿から食べることが許されているが、それでも忌避すべきことがある。私たちは、村ではお金で謝礼を払うことはしないという原則で暮らしていた。例えば、森についての知識を勉強するための植物標本の乾燥用の薪を運んでもらったりした場合など、自分では吸わないが、紙巻きタバコを何本かあげたりしていた。父にはこれとは別に敬意をこめて時々あげていたが、何度目かに訊かれた。

「はて、お前はタバコはいつ吸うんだ?」

「父さん、僕は夜、家の中で吸っているんです」と答えた。

しばらく続いた雨が晴れた日、父が道ばたの石の上にタバコを並べて干しながら、売っているのを発見して、思わず尋ねた。

「父さん、タバコはいつ吸われるんですか?」

「うん、夜、家の中でな」

こんなのが、忌避関係のちょっとぎくしゃくしたやりとりである。

その反対が、ちょっと変なことばだけれど「冗談関係」だ。

私が子どもにしてもらったその日から、父の姉妹にあたる、おばさまたちが、入れ替わり立ち替わりやってきて、やれ酒を飲ませろだの、嗅ぎタバコを買ってこいだのしつこくせがむようになった。それまではなかったことなので、父の奥さんたちに尋ねてみると、父の姉妹とその甥にあたる私の間にはなんの遠慮もなく、何をねだりあってもいいし、性的な冗談も自由に交わしてもいいという。孫とおじいさんとの間もそれに近い。だから、口頭伝承も、世代を飛び越えて孫の代に伝わるということも起こるのだろう。

こういう忌避関係と冗談関係の編み目の中にいると、いろいろなことが起こる。オバの一人が、「息子が病気になったみたいだから、部屋に入って様子をみてきてほしい」と私に頼んだりする。彼女は息子の部屋には入れないけれど、私なら入れるからだ。

さて、長く滞在しているうちに、しだいに父の家で出てくる食べ物が乏しくなっていった時期があった。すぐ斜め向かいに住む祖父と私は冗談関係なので何でもねだりやすいし、気安くご馳走してくれるので、たびたびそこで食べるようになった。すると、父に呼びつけられた。

「おまえ達は、ちかごろ自分の家ではあまり食べないと思ったら、わしの親父の家で食べておるそうじゃないか。いったいいなぜなんだ？」という問いかけだった。返答に窮した私は、正直にこう言ってしまった。

「だって父さん、大きいママ（第一夫人）の出してくれるものじゃ少なすぎて、お腹がふくれないんですもの」

ところが、この言葉は毎週日曜に開かれる村の裁判への告発と受け取られてしまったのだ。あれよあれよという間に、私が原告、第一夫人は被告というわけだ。村の広場で、村びとたちに取り囲まれ、論告や弁論や証言、ことわざや歌などが繰り返される。それをあっけにとられて見ていると、長老たちの審議を経て判決がくだった。「子どもにはきちんと食べさせるべし」という原告勝訴だ。

判決の直後、まわりにいた女性たちが、いっせいに私の頭の上から砂をかけた。いつの間にか手の中に砂を握っていたらしい。「世の中良いことばかりじゃないからね。勝ったからといって、いばりなさんなよ」というメッセージだった。そういえば、小さな事件に勝訴した人が、砂かけ女たちにやられていたのを思い出した。のちの旅でも、私が村についたその日に、父に初めての娘（私の妹）が生まれた時にも私は砂をかけられ「これが男の子だったらこの程度じゃすまないわよ、おめでとう」と言われた。

はじめの半年が過ぎて、いったん帰国するために村を去る日、それまで使っていた身の回りのものを世話になった人達に形見分けのようにわけた。その直後に、父の部屋に呼ばれてうんと叱られた。

「お前は、あの山刀をわしの親父にやっただろう。わしが欲しいと思っていたのに」

「ああ、父さん、ごめんなさい。じいちゃんがくれくれというのでついあげたんです。そんなに欲しいんだったらおっしゃったらよかったのに……」

「父親が息子に物をくれ、なんてそんな恥ずかしいことが言えるか！」

息子たる者は、父親に欲しいなどと言わせないように、いろいろ息子の方から差し上げなければいけなかったのだ。そして、他の家のみんなに物をわけたりしてはいけなかった……。とくに、公衆の面前で贈り物を渡すことは、もらえなかった人達の視線がねたみとなって不幸を呼ぶため、避けなければならなかったのだった。コンゴのスワヒリ語でねたみをキリチョというが、これは「大きな目」という意味でもある。

父を産む

いったん養子になってしまえば、こちらから解消する方法はない。あらかじめ定められた人間関係の幅の中でしか、フィールド・ワークも許されない。

一〇〇〇点を超える植物標本をつくるのは薪集めからして大変だし、足が痛い第二夫人に毎日の水汲みを頼むのも気兼ねだった。それで、手伝いを雇おうということにした。ところが、やってきた少年をみて、二人のママが口をそろえて「あの子は手癖が悪そうだから、ダメよ」という。「ボーイがいるなら、私たちをボーイだとおもって、何でも遠慮せずに頼みなさい、わかった？」と言われて、またもとのもくあみになってしまった。

暇そうな若者が村にやって来たので、二時間ばかり、いっしょに歩いて隣村へ行ったり店を冷やかしたりしたときのこと。すぐ父によばれた。

「息子よ、あの若者とつきあってはならん」

「なぜですか、父さん」

「かわいそうなことだが、あの若者は、父親たちがすべて死んでしまった、みなしごなのだ。だから、父親にあったらどのように振る舞わなければならないか、という世間のしがらみから自由になっているわけだが、おまえはそうではないのだから、あの若者の振るまいをまねるような間違いがあってはならんからだ」

二〇歳ぐらい年下の「小さい父」をもった私は、たぶん「生涯父親には不自由しない」というめぐまれた人生に入ったのだった。だから、日本では父親も母親も一人だけだよ、と言ったとき、村人たちに「そんな冷たい、寂しいところにはとても暮らせない」という衝撃が走ったのも無理はなかった。あっちからみればこっちが変なのだ。

私は、森の村の農業と河辺の漁村の魚の知識と、異なる生活環境を結ぶ物々交換経済の勉強をし、貴子は料理や酒の研究と植物世界との関係の勉強をした。それで、河辺の村にも住んでみたいと父さんに相談した。そうしたら、「わしの兄さんの娘、つまりおまえの姉さんが嫁に行った河辺の村がある。夫は村長だからそこに泊めてもらえばよかろう」ということだった。

その河辺の村の村長さんにとって私は、ヤギ一〇頭などの財産と交換に奥さんをくれた親族集団の人間だ。日本語でいうなら、こちらは小舅、向こうは婿殿というところだ。婿殿と私の間では、父と息子の間ではゆるされる「ひとつの皿からものを食べる」ということも禁じられ、かなりきびしい忌避関係があった。

魚の民俗知識の調査の中で、婿殿にもインタビューをした。そして、たまたま魚の排泄孔の名前を聞いたところ、彼は恥ずかしそうに言いよどんでしまった。しまった！　そんな質問は冗談関係にある相手同士なら何の問題もないけれど、忌避関係にあるもの同士が口にしてはならないことだったのだ。また、父さんたちの一人を師匠にして、五〇〇を越える森の植物の知識を習っていたとき、ある植物の名前を尋ねたところ、「それは恥だ」と返事をもらえなかった。あとで貴子がママたちに聞いたらやはり性に係わる用途のある植物だった。

こんなふうに、フィールドで親族関係の編み目に絡めとられるということは、順調に調査が運ぶという面と、思わぬところで掣肘《せいちゅう》されるという面もあるのだった。

三度目のコンゴ訪問は、一九八三年だった。息子が生まれたばかりだったので私が一人で訪ねることになった。村についてさっそく父に報告する「父さん、あなたの孫が生まれました」「そうか、名前はなんとつけた?」と聞かれた時たいへんな失敗をしたことに気づいた。父は「そうか。ンゴリ(自由人)でも、ムサフィリ(旅人)でも、ルアパンニャ(神話の英雄)でもないのか……」とたいへん落胆したようすで、自分の三つの名前を挙げたのだった。

その時、天の助けが届いた。

「父さん、でも、モマンバ(太鼓言語用の名前)は、父さんのをいただいてトントントントン　トンテン　トントン(低低低休低高休低低、ルアパンニャ・ブングー・クングヮ)とつけました!」

それを聞いて満面の笑みを浮かべた父の返事は驚くべきものだった。

「そうか、とうとう、お前は私を産んでくれたんだなぁ」

この日から、村での私の呼び名は替わり、「イセンゴリ」すなわち「自由人の父」となった。ママたちも「父さんが呼んでいるよ」ではなく「あんたの息子が呼んでいるよ」と言うようになった。すなわち、同じ名前をもつ者は同一人物なのであり、同じ名をもつ者が生きているかぎりは、たとえ肉体は滅びても不滅の生を得るのだ。

神話を生きる

三度目の滞在で、私はソンゴーラ語による長大な英雄神話があることに初めて気づいた。神話を語ってくれた三〇代の男性の話術は見事としか言いようのない劇的なものであり、チンパンジーと兄弟として奇跡の誕生をした英雄カマングが地底世界から雷の国をめぐって繰り広げるヘラクレス的な大冒険の中に、奇瑞をもたらす魔法の歌の数々が織り込まれていた。夜の炉辺で聞き手たちとともに歌に唱和しながら、私は日本の古代神話もこのように劇として語られ、歌の部分は聞き手たちも唱和したに違いない、と感じていた。その伝承が今も盛んに語られているという森の奥の集落への片道一〇〇キロほどの旅を計画して、父に相談した。

ところが、父の返事は「それならわしでも語れる」というものだった。父の語った神話は、しかし、カマングの神話とは異なり、森で一番小さなリスがすべての獣に打ち勝って王の娘をめとるところから始まり、リスの子が成長してスサノオのような荒ぶる神となる物語だった。

「お父さん、なぜこれまでこんな神話があると教えてくれなかったんですか?」と尋ねる私に、「おまえ、なぜこれまで訊かなかったのだ?」と父は答えた。

父の語りでは、荒ぶる神の名前は告げられなかったが、たまたま村にやってきた裁判所の判事が、私のリクエストに応じていったんノートに書きとめてから朗読してくれた。その神話は、繰り返しの部分がはしょられて、歌も短くなっていることを除けば、父の語ったものとほぼ同じ話だった。違うところは、荒ぶる神の名前がルアパンニャと告げられたところだった。この時、以前の滞在中の夜のまどいで何度か聞いたイノシシの国での冒険物語がこの英雄神話の断片だったことに気づき、それをなぜか父だけが一人称で語ったことが忽然と思い出された。

その部分の主人公がルアパンニャだったから、その名をもつ父は自分の冒険として神話を一人称で語ったのだった。神話のルアパンニャの武勲《いさおし》は、ルアパンニャの名前をもつ彼自身の武勲であり、同じ名をもつ私の息子の武勲でもあったのだ。人間ではないカムイが一人称で語るアイヌ民族の口頭伝承にもっていたそこはかとない違和感が自分の中でするするとほどけていくのを私は感じていた。

いまも生き生きと語られるソンゴーラ人の神話は遠い昔を語るものではなく、今の暮らしに直結するものであるし、一つのバージョンだけが公認され書き留められるというものではない。まして、王の一族だけが神話の主人公に連なる特権を占有するといったものでもなかったのである。こうした神話は、植民地化と度重なる内戦という大きな困難の中で、大地に生きる人々が保ち続けてきた夢なのである。そして、神話を書き留めるという仕事は、辞書も文法書もない少数言語のソンゴーラ語との格闘であり、私たちの前の研究は一九〇九年に植民地行政官が出版した民族誌だけという、未知のソンゴーラ文化との格闘であった。

渡り鳥の願い

一九九〇年、七年ぶりに父の住むコンゴ民主共和国の森へ帰った。四度目の旅だった。飛行機を降りてホテルに入り、さっそく川下へ向かう丸木舟に、姉が住んでいる村への手紙を託した。ところが、流れてきた噂では村で殺人事件が起こって、復讐者や、取り調べに名を借りた兵隊の略奪行為などによって人々は四散し、村はほとんど廃村状態になっているというのだ。

姉の村は、一九八〇年にはイスラームを信じていた村だったが、あるきっかけからカトリックに改宗して、一九八三年には男達がそれまでのヤシ酒に加えて蒸留酒を飲むようになっていた。その酒は、女たちが作るものなので、男から女に収入が移転されるチャンネルが生まれたのではあるのだが、その変化にはある危険な落とし穴があるのでは、と危惧していた。たぶん廃村化の原因は酒だろう、と私は直感した。

そこで、まず自分自身がお酒をほぼ禁酒することにした。村長である婿殿（姉の婿）に禁酒もしくは節酒を助言するためだ。村に着いてみると、やはり酒の上での喧嘩がもとで起こった殺人事件だった。少しずつ人々はもどり始めているところだったが、女たちの中にも蒸留酒におぼれる人が出ていた。

話してみると婿殿は、なんだか気落ちしていて、人間《じんかん》至る所青山あり、どこで死んでも同じだという気分になっていた。村長の妹の夫のベルナール氏は、村長の知恵袋として、この村が消えると、移民たちにコンゴ川の東側の森全体の所有権を奪われてしまいかねない、ということをたいへん心配していた。だから、なんとか村長を励まして村の復活を手伝ってくれないだろうか、と私に頼むのだ。

私たちは、その前年から沖縄の西表島での無農薬米の産直というビジネスを始めて、研究者としての一線を越えてしまっていた（本書、第四章）。その勢いもあって、知恵袋のベルナール氏といっしょに村おこしに着手してみることにした。もちろん、フィールド・ワーカーは、そうした事件と社会の変化をも客観的に記録するのが、教科書的には正しいとされている。しかし、ベルナール氏は、七年前の一九八三年に私がルアラバ川を二五〇キロ遡る丸木舟の旅をしたときの水先案内人であり、その厳しい旅の命の恩人でもあった。そして廃村になりかけているのは私の姉さんの村なのだ。

私は、ソンゴーラ神話の中のカマング神が酒に酔ってタブーを破ったことにふれつつ、ともに酒を飲む楽しみよりも酒を断つことの大切さと、自分が呑んでいては人の説得はできないことを語りかけた。さらに、村長の代に廃村になってしまったら、万一この森の権利をわれわれが奪われるようになったときは、未来永劫「あの人が村長の代に起こったことだ」と語り継がれることになると婿殿に告げた。その結果、「なんとかもう一度がんばってみようか」という返事を引き出すことができた。

そうなると、投獄されている人の受け出し、没収された銃の罰金の支払い、咳が止まらない村長自身のレントゲン撮影と治療など、お金のかかることばかりだ。私はこれまでそういう場面でお金を出したことはなかったが、口を出した以上は、村の復興に必要なお金も出すことにした。沖縄のヤマネコ印西表安心米での行動パターン（本書第四章）をなぞってしまったわけである。

さらに足を伸ばして、森の中の父の村に帰った。久しぶりに再会した父は、病気で片目がつぶれ、すっかり年をとって弱ったように見えた。「なぜ七年も来なかったのだ。空にかかる月を見るたびにおまえの姿を思わぬことはなかった。さあ、ひとつ皿から食べよう」と迎えてくださった。

ところが、わが村は大もめになっていたのだ。家族のごたごたをお話するのは気がひけることだが、私の弟のひとりが、毎日のように大騒ぎをしては「町の裁判所に訴える」などと大声で叫んでいた。彼は、父からもっとも当てにされていて、次の代の村長の位を父から受け継ぐことは確実だと思われていた。ことの起こりは、彼の喧嘩相手を、父がかくまったことからだったという。「村長の手の中に逃げ込んだものは、けっして死ぬことはない」というのが、避難所《アジール》としての村長のゆずることができない掟なのだ。それに怒った弟は、こともあろうに父親を訴えた。その結果、投獄されてしまった父は、釈放されるためにお金も山羊も手放すことになった。本来なら、嫁をもらうときの婚資などの形で自分のものになるはずの財産をそんなことのために失うような馬鹿者に村長の位を継がせるわけにはいかない、というのが父の言い分だ。そこで父が村長代理に任命した人物は、ルーツについての知識と固有の言語を奪われた、もと奴隷身分の家系の出身者だった。その人選に怒った弟が村長代理を訴えようとする、というようなごたごたになっていたのだ。

姉の村はほとんど廃村で、自分の村も大混乱。このまま放っておいたら、自分の村まで廃村になるかもしれない……。そう案じた私は弟を呼んで話をした。

「なんで父さんは、よりにもよってもと奴隷身分出身の男に村長を継がせるとおっしゃったか、わかるかい」と私は尋ねた。「それは、彼には気の毒だけれども誰も本気とは信じない人選だからだよ。ソンゴーラ語で『モコタ・タモネ・タクィ（村長たるものは見ることもなく聞くこともない）』つまり小事に惑わず泰然としておれ、という帝王学を教えることわざがぼくらの神話の中にあるだろう。お前も一度は村長代理をした立場なら、いちいち細かいことで裁判だと騒げば騒ぐほど、父さんに愛想をつかされるのがわからんのか。村長の位なんて、この村に多いアブラヤシの木みたいなもんだ。おとなしくしていれば、種は、その木の下におちて、またそこで育つんだ。嵐をおこせば、種はちりぢりに飛んで幹から遠くに生えるようになるじゃないか」と、いろいろなたとえを出してのお説教である。しばらく話すうちに、

「分かった、兄さん。僕が悪かった。父さんに謝る」という殊勝な返事が返ってきた。

翌日三〇キロほど離れた町から、私と貴子がもっとも信頼する兄貴（父の兄の息子）がたずねてきてくれた。その晩、兄と父に話しているうちに、ふと思いついて、二人にスワヒリ語でこんな即興の話をしてみた。外では雨が降っていて寝室のママたちには聞こえないはずだ。

お話出てこい。出てこいお話（聞き手のあいづち）。昔むかしあるところに、ちょうどこの村のようなりっぱなアブラヤシの林がありました。その中にひときわ高いりっぱなヤシがあって、それを目印にして遠くからも鳥がやってきてはそこに巣をかけるのでした。ところがある時、そのヤシの葉っぱと根っこが仲違いをしたのです。葉は根に影をおとしてやらないといい、根は葉に水を送ってやらないといいはりました。そうこうするうちに幹が枯れて腐りはじめました。ある晩のこと、嵐が起こったとおもうと、そのりっぱなアブラヤシは、どうっと途中から折れてしまいました。さて、こんど、渡り鳥がやっ

てきたら、その鳥はいったいどこに巣をかけたらいいのでしょうか？

すると、父は「これは昔話なんかじゃない。裁判への訴えだ」とつぶやいて、二人とも黙りこくってしまった。これはしくじったと思った。息子が父親に対して決して言ってはいけないことだったのかもしれない。私はあいさつもそこそこに部屋に入った。

ところが、翌朝兄がやってきてこういうのだ。

昨日の夜のお前の話はすごく良かったぞ。親父は「遠くの息子が親孝行」ということわざを挙げて感謝している。お前は「この村の人間そのものだ。肉体は遠い日本で生まれたかもしれないが、もともとこの村の出身であることに違いはない」と言ってる。お前のたとえ話は、まるで鋭い槍のように心にささって、親父も俺も一言も返す言葉がなかった。こんど家族をみんな呼び集めるから、ぜひその席でもう一度、今度は家族全員に聞かせてやってくれ……

あれから故郷の村に立つことがかなわないまま長い年月が過ぎた。日本の両親と兄を見送った今、アフリカの大家族の暖かさと懐かしさが身にしみる。一九九八年にケニアに滞在していた機会に家族三人で父の村を訪ねようとしたのだが、ナイロビからの出発の二日前に内戦が始まって断念せざるを得なかった。それからは、ケニア西部やウガンダ、西アフリカのガボンなどの森のある国を訪れたりしながら、故郷のコンゴの森の人々に平和が訪れることを願う日々が続いている。

引用文献

・安渓遊地、一九七七「八重山群島西表島廃村鹿川の生活復原」伊谷純一郎・原子令三編著『人類の自然誌』三〇一〜三七五頁、雄山閣
・安渓遊地、一九七八「西表島の稲作、自然・ヒト・イネ――伝統的生業とその変容をめぐって」『季刊人類学』九（三）、二七〜一〇一頁
・安渓遊地、一九八二「島の暮らし――西表島いまむかし」木崎甲子郎・目崎茂和編著『琉球の風水土』一二六〜一四三頁、築地書館
・安渓遊地、一九八六ａ「西表島関係文献目録（前編）」『南島文化』八号、五五〜九〇頁、沖縄国際大学南島文化研究所
・安渓遊地、一九八六ｂ「西表島で農薬散布が始まった――人にもヤマネコにも体内蓄積のおそれ」『エコノミスト』九月一六日号、七八〜八三頁
・安渓遊地、一九八七「西表島関係文献目録（後編）」『南島文化』九号、七一〜一〇〇頁
・安渓遊地、一九八九「自然利用の歴史――西表をみなおすために」『地域と文化』五三・五四合併号、六〜一一頁、ひるぎ社、那覇
・安渓遊地、一九九一「される側の声――聞き書き・調査地被害」『民族学研究』五六（三）、三二〇〜三二六頁、日本民族学会
・安渓遊地、一九九二ａ「無農薬米の産直が始った――島を出た若者への手紙」『エコノミスト』七月二一日号、七六〜七九頁

・安渓遊地、一九九二b「『研究成果の還元』はどこまで可能か」『民族学研究』五七（二）、七五〜八三頁
・安渓遊地、一九九二c「バカセなら毎年何十人も来るぞ」『新沖縄文学』九四号、八〜一〇頁
・安渓遊地、一九九三a「立松和平氏、沖縄で筆の暴力」『週刊金曜日』六号、五頁
・安渓遊地、一九九三b「まぼろしの物々交換を知夫里島に求めて」『シサム通信』三〇号、アイヌ民族とともに生きるシサムの会、水巻町
・安渓遊地、一九九四「立松和平氏の『まれびとの立場』の盲点」『週刊金曜日』九号、三四頁
・安渓遊地、一九九五a「野外調査（フィールド・ワーク）から野良仕事（フィールド・ワーク）へ」『地平線』一七号、一〜一〇頁、広島ＫＪ法研究会
・安渓遊地、一九九五b「島は誰のもの――ヤマネコの島からの問いかけ」『月刊地理』九月号、四三〜四八頁、古今書院
・安渓遊地、一九九八「踊りながらその場を立ち去ってしまうだろう――コンゴ女性の声への日本の学生の反応」『ふくたーな』五号、日本学術振興会ナイロビ研究連絡センター
・安渓遊地、一九九九「市場が畑だ――コンゴ漁民の生活」川田順造編『アフリカ入門』新書館
・安渓遊地編、二〇〇一『長島の自然――瀬戸内海周防灘東部の生物多様性』地区会報五九号、日本生態学会中国四国地区会
・安渓遊地、二〇〇二a「あらゆるものをたべておいてください――宮本常一先生にいただいた言葉」『しま』一九〇号、日本離島センター
・安渓遊地、二〇〇二b「聞き書きと人権侵害――立松和平対策事務所の一〇年」『山口県立大学国際文化学部紀要』八、六九〜七八頁
・安渓遊地、二〇〇四a「南島の聖域・浦内川と西表島リゾート」『エコソフィア』一三号、八二〜八九頁

・安渓遊地編、二〇〇四b『やまぐちは日本一――山・川・海のことづて』弦書房、福岡
・安渓遊地編、二〇〇六a『続やまぐちは日本一――女たちの挑戦』弦書房
・安渓遊地、二〇〇六b「フィールドでの『濃いかかわり』とその落とし穴」『文化人類学』七〇（四）
・ANKEI Yuji, 2006 Are You Human?: A Narrative of a Japanese Islander on Field Researchers.『山口県立大学国際文化学部紀要』一二号
・安渓遊地編著、二〇〇七『西表島の農耕文化――海上の道の発見』法政大学出版会
・安渓遊地・安渓貴子、一九九七「『日曜百姓のまねごと』から――第三種兼業の可能性をめぐって」『農耕の技術と文化』二〇号
・安渓遊地・安渓貴子、二〇〇〇『島からのことづて――琉球弧聞き書きの旅』葦書房、福岡
・安渓遊地・安渓貴子、二〇〇三「ワニのいた川――西表島浦内川の昨日・今日・明日（上）」『季刊・生命の島』六四号、五四〜六一頁、上屋久町
・安渓遊地、二〇一〇「父たちの待つ村への旅」『季刊東北学』二四号
・安渓遊地、二〇一七「『いまここで』という暴虐からの解放」『やまぐち地域社会研究』一四号
・石垣金星、二〇一三『西表島の文化力――金星人から地球人へのメッセージ』南山舎
・泉靖一、一九六九『フィールド・ワークの記録――文化人類学の実態』講談社現代新書
・内田京治、一九九三『エコロジー住宅』三一書房
・川平永美述、安渓遊地・安渓貴子編、一九九〇『崎山節のふるさと――西表島の歌と昔話』（おきなわ文庫）第五二冊、一〜一九八頁、ひるぎ社、那覇
・神崎宣武、一九八一「ひとことの集積」『宮本常一――同時代の証言』日本観光文化研究所
・現代企画室編集部、一九八八『アイヌ肖像権裁判・全記録』現代企画室

・國分直一（安渓遊地・平川敬治編）二〇〇六『遠い空――國分直一　人と学問』海鳥社、福岡

・笹森儀助、一九八二（一八九四初版）『南島探験』平凡社

・佐田尾信作、二〇〇四「もう一つの大学・『戒め』胸に地域と学ぶ」『宮本常一という世界』みずのわ出版

・立松和平、一九九三「まれびとの立場」『週刊金曜日』七号、三一～三三頁

・西村秀三、一九九五「書評・山田雪子述、安渓貴子・安渓遊地編『西表島に生きる――おばあちゃんの自然生活誌』」『民族学研究』六〇（一）、一一一頁

・野口武徳、一九七二『沖縄池間島民俗誌』未來社

・馬場繁幸・安渓遊地、二〇〇四「地域社会への影響評価を――西表島リゾート建設に対する日本生態学会の要望書の特色」『保全生態学研究』八号、九七～九八頁

・船曳建夫、二〇〇一「書けない理由」『東北学』四号、二一一～二一四頁、東北芸術工科大学東北文化研究センター

・宮本常一、一九七二「調査地被害――される側のさまざまな迷惑」『朝日講座・探検と冒険』七、朝日新聞社（未來社版『宮本常一著作集』第三一巻に再録）

・宮本常一、一九七六「東アフリカをあるく」『あるくみるきく』昭和五一年一月号、日本観光文化研究所（岩波現代文庫「宮本常一、アジアとアフリカを歩く」に再録）

・山田武男著、安渓遊地・安渓貴子編、一九八六『わが故郷《シマ》・アントゥリ――西表島網取村の民俗と古謡』（おきなわ文庫）第二七冊、一～二六四頁、ひるぎ社

・山田雪子述、安渓貴子・安渓遊地編、一九九二『西表島に生きる――おばあちゃんの自然生活誌』（おきなわ文庫）第六三冊、一～二三〇頁、ひるぎ社

・渡部重行、一九九五『共生の文化人類学――暮らしのトポスと経験知』学陽書房

初出一覧（略号は、前項の引用文献に対応）

序章　安渓遊地、二〇〇二ａを改変。

第一章　宮本常一、一九七二。

第二章　安渓遊地、一九九一を改変。

第三章　安渓遊地、一九九二ｃを改変。

第四章　安渓遊地、二〇〇六ｂを改変。

第五章　安渓遊地・安渓貴子、二〇〇〇と、安渓遊地、一九九五ａから抜粋・改変。

第六章　安渓遊地、一九九三ｂを改変。

第七章　安渓遊地、一九九二ｂを改変。

第八章　宮本常一、一九七六から抜粋。

第九章　安渓遊地、二〇一七から抜粋。

第一〇章　安渓遊地、二〇一〇を改変。

［アフリカでそこまでやるの？］

［フィールド・ワークの未来へ］

本書でフィールドでの指針のひとつとして描かれている人たち

フィールドでの指針としての事項索引

【著者】

宮本常一（みやもと・つねいち）

1907年山口県周防大島生れ。16歳の時に大阪に出て逓信講習所で学び、天王寺師範学校を卒業後、小学校教師となるも病を得て帰郷。療養中に柳田國男の『旅と伝説』を手にしたことがきっかけで、柳田、渋沢敬三という生涯の師と出会う。39年に渋沢の主宰するアチック・ミューゼアムの所員となり、57歳で武蔵野美術大学に奉職するまで在野の民俗学者として日本全国を歩く。66年日本観光文化研究所を設立し、後進の育成に努めた。著書に『忘れられた日本人』『宮本常一著作集』（未來社）、『日本文化の形成』（そしえて）、『宮本常一離島論集』『宮本常一写真図録』『宮本常一の風景をあるく』（みずのわ出版）など。1981年没。宮本が遺した膨大なフィールド・ノートや写真等の資料は、宮本常一記念館（周防大島文化交流センター）に収蔵されている。

安渓遊地（あんけい・ゆうじ）

1951年富山県射水郡大門町生れ。京都大学理学部学生の時、川喜田二郎氏の移動大学運動にふれてフィールド・ワークを志す。伊谷純一郎氏の指導で、西表島および熱帯アフリカの人と自然の研究。人類学専攻。沖縄大学、山口大学、山口県立大学を経て、山口市北部の「阿東つばめ農園」で営農ソーラーのある無農薬家族農業を実践中。共編著書に、『廃村続出の時代を生きる——南の島じまからの視点』（南方新社、2017年）、『奄美沖縄環境史資料集成』（南方新社、2011年）、『奇跡の海——瀬戸内海・上関の生物多様性』（南方新社、2010年）、『西表島の農耕文化——海上の道の発見』（法政大学出版局、2007年）、『続やまぐちは日本一——女たちの挑戦』（弦書房、2006年）、『遠い空——國分直一　人と学問』（海鳥社、2006年）など。

ブログ https://ankei.jp では、研究成果の地域との共有の試みとして、ソンゴーラ人、西表島、与那国島の３つの生物文化遺産データベースを公開中。スマホからは以下のQRコードで。

【編集にあたって】

- 第１章「調査地被害——される側のさまざまな迷惑」は、『朝日講座・探検と冒険』（朝日新聞社、1972年）が初出である。本書では、『旅にまなぶ　宮本常一著作集第31巻』（未來社、1986年）を定本とした。
- 第８章「宮本常一・はじめてのアフリカ」は、『あるくみるきく』昭和51年１月号（日本観光文化研究所）に掲載された「東アフリカをあるく」（「宮本常一、アジアとアフリカを歩く」岩波現代文庫、2001年に収録）から抜粋したものである。
- 各章扉の写真は、第１章（山口県旧久賀町提供）と第８章（伊藤幸司撮影）を除き、安渓遊地撮影による。

調査されるという迷惑　増補版
――フィールドに出る前に読んでおく本

2008年4月8日　初版　第1刷発行
2024年4月8日　増補版第1刷発行

著　者　宮本常一
　　　　安渓遊地
装　幀　林　哲夫
発行者　柳原一德
発行所　みずのわ出版
　　　　山口県大島郡周防大島町西安下庄 庄北2845
　　　　Tel/Fax 0820-77-1739　〒742-2806
　　　　E-mail mizunowa@osk2.3web.ne.jp
　　　　URL https://www.mizunowa.com
印刷・製本　株式会社国際印刷出版研究所
　　　　　　組版・DTP　近藤良一
　　　　　　制作管理　　浦上 修

Printed in Japan
ISBN978-4-86426-052-7 C0039